INTRODUCTION TO HAPPY SCIENCE STUDIES:
A COMPARATIVE RELIGIOUS STUDIES APPROACH

比較宗教学から観た「幸福の科学」学・入門

性のタブーと結婚・出家制度

大川隆法
Ryuho Okawa

まえがき

「比較宗教学から観《み》た」と題したわりには、「幸福の科学」から観た「仏教分析」、特に「小乗仏教」「大乗仏教」分析が中心になっており、字義通りの内容を完成させるには大著の出現を必要とするようである。

前著である『仏教学から観た「幸福の科学」分析』と対《つい》をなす内容になっており、両著をお読みになることを勧《すす》めたい。

それでも現在及び将来の宗教の問題には触れており、プロテスタント、カトリックのそれぞれキリスト教や、イスラム教との対比も一部含《ふく》んでいる。

やはり「タブーの問題」に踏み込まないと、宗教対立や紛争の理解は難しいと感じた。本書を通じて、仏教そのものも耐用年数の限界が来ていることを感じざるをえなかった。宗教問題への一石を投じる意味で参考にして頂ければ幸いである。

二〇一四年　一月十五日

幸福《こうふく》の科学《かがく》グループ創始者兼総裁《そうししゃけんそうさい》
幸福《こうふく》の科学大学創立者《かがくだいがくそうりつしゃ》　大川隆法《おおかわりゅうほう》

比較宗教学から観た「幸福の科学」学・入門　目次

まえがき　1

比較《ひかく》宗教学から観《み》た「幸福の科学」学・入門

――性のタブーと結婚《けっこん》・出家《しゅっけ》制度――

二〇一三年十月二十三日　収録
東京都・幸福の科学総合本部にて

7

家族観が大きく揺《ゆ》らいでいる現代

比《ひ》較《かく》宗教学から観《み》た「幸福の科学」学・入門

――性のタブーと結《けっ》婚《こん》・出《しゅっ》家《け》制度――

二〇一三年十月二十三日　収録

東京都・幸福の科学総合本部にて

1　非常にデリケートで世界的に難しいテーマ

結論によっては「宗教戦争」も起きかねない

「『幸福の科学』学」をめぐって、論点だと思われることを、少しずつ詰《つ》めていこうと考えています。本書のテーマは、「比較《ひかく》宗教学から観《み》た『幸福の科学』学・入門」です。

前著『宗教学から観た「幸福の科学」学・入門』（幸福の科学出版刊）では、序論的な話を少し述べていますが、今回は、「宗教学」の上に「比較」という言葉が付いていますので、「ほかの宗教と比較しながら」という観点が、もう一つ入っての議論になります。

また、副題を「性のタブーと結婚《けっこん》・出家《しゅっけ》制度」としましたが、これだけの話で止まるかどうかは分かりません。ただ、これは、世界的に流動性が非常に高く、答えを出すのは、正直言って、かなり厳しいテーマです。

それぞれの国情によって、宗教的伝統や文化的習俗《しゅうぞく》として定着しているもの、あるいは、法制度の違《ちが》い等がありますし、場合によっては、一つに統一することで、宗教戦争が起きる可能性もある問題です。

片方を「正義」とするならば、もう片方は「悪魔《あくま》の教え」というようなかたちになって、戦争の種になることもあるので、非常にデリケートで難しいテーマを含《ふく》んでいると思います。

そして、社会的価値観は、現在進行形で、まだ揺《ゆ》らぎのなかにあります。世界的にも、日本の国内でも、大きな揺らぎが、まだまだ続いているように思うのです。

ですから、私も、結論まで出し切る自信は、正直言ってありません。

また、おそらく、昔の時代のように、「簡単な戒律《かいりつ》のようなものをつくって、それで終わり」というようなものではないのではないかと感じています。

やはり、いかなる制度であれ、考え方であれ、その時代に生きている「人間の幸福」と、そして、その人間がつくっている「社会の幸福」に関して、「未来志向型でプラスになる方向に行くのか、マイナスの方向に行くのか」というような観点から、よく考えなければいけないと思うのです。一定の文明実験的なものはあったとしても、その結果があまり芳《かんば》しいものでないなら、再考しなければいけないものもあるのではないでしょうか。

人間がつくってきた複雑な社会制度の発展のなかで、大昔の神仏《かみほとけ》たちから降りた教えに、そぐわない面も多くなってきたことは事実だと思います。

ある意味で、この世に生きている者たちが、どのような文化を、時代性に合わせてつくっていこうとするのか。それが、単なる「時代の揺り戻《もど》し」や「逆流現象」にとどまるのか、それとも、一定の「トレンド」として定着していくものなのか。それは、非常に難しいところです。

かつてのように、「神の言葉などを預言者《よげんしゃ》が受ける」というようなかたちではなく、いろいろな言論や、評論家、書物を書く人、ジャーナリスト、さらには、教育者や聖職者、学者などといった、いろいろな人の意見も混在して世論《せろん》ができていく時代ですので、一人の人の考えだけですべてが変わっていくとは、必ずしも思えないものがあります。

二度もキャンセルとなったタイ巡錫《じゅんしゃく》

今回、このテーマを選んでみた理由の一つとしては、二〇一三年の十一月に、タイへの巡錫《じゅんしゃく》の予定が入っていたのが中止になったことがあります。

二〇一一年九月にも、タイに行く予定を組んでいたのですが、未曾有《みぞう》の大雨と大洪水《だいこうずい》があったのです。雨季ではあったのですが、このときは、国土の三分の二が水没《すいぼつ》するという、ひどい洪水で、ニュースを見ると、その洪水がバンコクにも刻々と迫《せま》っているような状況《じょうきょう》でした。

また、日本政府のほうも、外務省から、「駐在員《ちゅうざいいん》として現地に行っている人の家族は、日本に帰国するように」と、帰国勧告《かんこく》を出していました。

そうしたなか、現地にいる幸福の科学の国際局系の職員は、「まだ水は来ていませんか。大丈夫《だいじょうぶ》です」などと、一生懸命《いっしょうけんめい》に言ってきていましたが、私のほうは、「そうは言っても、CNNやBBCなどを見るかぎり、水がどんどんどんどん近づいていって、狭《せば》まってきつつあるし、政府のほうが一生懸命に国外脱出《だっしゅつ》を勧《すす》めている段階で、講演会を行ってもよいのか。そのときに、『もう出られなくなりました』というような感じになったら、少し困る」と思うところがあったのです。

工場など、いろいろなところで、水浸《みずびた》しにならないように、懸命に俵《たわら》を積んでいた

2011年7月から3カ月以上にわたって続いたタイの大洪水。600万ヘクタールが浸水し、数百人の死者、数千億円の被害をもたらした。

シーンが放送されていましたが、結局は、空港まで水没したという事情だったと思います。

「よほど、私に来てほしくない事情でもあるのか」と思ったところもあるのですが、「遊びなら来ても構わないが、仕事なら来るな」という〝神意《しんい》〟のようなものを、少し感じました。

そして、今回、二年ぶりに、前回とは時期を少しずらし、雨季が終わって乾季《かんき》に入る時期に計画を入れてみたのですが、一度、台風が来たあと、また、ダブル台風、双子《ふたご》台風が日本列島のほうへ向かって来ていたので、どうも、やたら騒《さわ》がしい感じがあったのです。

あちらは、よほど私に来てほしくない〝事情〟があるように感じられてなりませんでしたので、そのあたりのことを考えていました。

この世を〝苦しみ製造装置〟と捉《とら》えている小乗《しょうじょう》仏教

私は、インドに続いて、スリランカでの巡錫も、一定の成功を収めています。スリランカは、タイと同様、小乗《しょうじょう》仏教の国で、原始仏教にやや近く、戒律なども重んじる仏教です。

その考え方としては、「仏陀《ぶっだ》は、『この世は苦しみの世界だ』と言って、この世の苦しみから逃《のが》れる方法を探究していた。そして、ついに、逃れる方法に到達《とうたつ》し、真理を得た」というものです。

仏教国への巡錫として、2011年、2～3月にインドおよびネパール、同11月にスリランカでの講演が行われている。

つまり、「この世は『苦《く》の世界』であって、その苦の原因はかくかくしかじかである。その苦から脱するためには、苦の原因を滅《めっ》していくのがよい」ということです。ただ、最終的には、「この世に生まれてくること自体が苦しみである」というところに行き着きます。

「生《しょう》・老《ろう》・病《びょう》・死《し》」という「四苦《しく》」として言われますが、「生」を、「生きること」と勘違《かんちが》いする人がよくいます。「生きる苦しみ」「老《お》いる苦しみ」「病気の苦しみ」「死ぬ苦しみ」と取る人が、日本人には多いのです。

確か、さだまさしの歌のなかで、「生・老・病・死」の「生」を「生きる苦しみ」と解釈《かいしゃく》した歌があった（「防人《さきもり》の詩《うた》」）と記憶《きおく》しています。また、「生長《せいちょう》の家《いえ》」の総裁だった谷口雅春《たにぐちまさはる》氏も、確か、「生・老・病・死」については、「生きる苦しみ」と解説していたと思います。

しかし、実は、「生まれる苦しみ」なのです。現実に説かれているのは「生ま

●四苦　すべての人間が逃れることのできない四つの苦しみ。これに「愛別離苦」「怨憎会苦」「求不得苦」「五陰盛苦」を加えて八苦という。釈尊はこの苦しみの原因を見つめ、反省することで、苦を取り去る教えを説いた。

れる苦しみ」です。

別の言い方をすれば、「天上界《てんじょうかい》というものが、それほど理想的な素晴《すば》らしい世界であるならば、どうして、わざわざ、そういう理想的で幸福な世界から離《はな》れて、苦しみの多い地上界に生まれなければいけないのか」「あちらにいたほうが幸福になるのだから、この世に生まれてこないほうが、むしろ幸福ではないか」ということなのです。

そういう観点から言えば、確かに、この世は苦しみの世界であり、この世に生まれることを契機《けいき》として、地獄《じごく》に堕《お》ちる人もたくさん出ますし、基本的に、この世に生まれなければ、天上界にいる人が地獄に行くことはありません。

もちろん、修行《しゅぎょう》をして、普通《ふつう》の人が菩薩《ぼさつ》になるということもあるわけですが、この世を契機として地獄に行くこともあるので、少なくとも、初期の仏教といいますか、釈迦《しゃか》の教えの前半部分では、この世を、一種の〝苦しみ製造装置〟というように見た面があったことは否《いな》めないでしょう。

小乗《しょうじょう》仏教のもとになる教え「三法印《さんぼういん》」

初期の小乗《しょうじょう》仏教のもとにもなる「三法印《さんぼういん》」という教えでは、「そうした苦しみから逃れ、苦しみを滅し、清浄《しょうじょう》なる世界、つまり、心に苦しみのない、穏《おだ》やかな涅槃《ねはん》の世界に入《はい》ることこそ、仏教の理想」というように説かれています。これは、「諸行無常《しょぎょうむじょう》」「諸法無我《しょほうむが》」「涅槃寂静《ねはんじゃくじょう》」のことであり、「この三つを見れば、基本的に仏教だと分かる」という旗印です。

「諸行無常」は、「この世というのは、常《つね》なるところのない、変転極《きわ》まりないものであって、何一つ、とどめおくことができない世界だ」という考え方です。

日本の『方丈記《ほうじょうき》』風に言えば、「ゆく川の流れのように、人生というものは、

●『方丈記』　鎌倉時代の鴨長明による随筆。災害や飢饉などを詠嘆的に叙述し、日本人の無常観を表す書として知られる。

川にできた泡沫《うたかた》、つまり、泡《あぶく》のようなもので、水が流れていく間に、空気と水で泡《あわ》ができるが、一時期、泡が存在しているように見えても、また吸い込《こ》まれたり、弾《はじ》けたりして消えていく。泡沫のごとく、流されていくものが人生だ」ということです。

あるいは、ガンジス川で比喩《ひゆ》されるような、「大きな運命の流れ、この世の濁《だく》流《りゅう》に流されて、なかなか自分の思うようにはならない」ということなのです。そういう意味での苦しみがあります。

また、「諸法無我」というのは、「この世にあるもので、永遠性のあるものは何一つない。すべてのものは壊《こわ》れていき、消えていくものである」という考え方です。

ここのところが、一種の「無常観」であるし、執着《しゅうちゃく》を去るための教えではあるのですが、仏教が唯物論《ゆいぶつろん》的解釈に持っていかれる原因になっている部分でもあります。

仏教学者のなかには、これについて、「インドでは大洪水がよく起きて、家が流されたり、田んぼや畑が流されたりと、いろいろな不幸があり、泥《どろ》のなかからもう一回つくり直したりするようなことが現実にあるから、そういうものからヒントを得たのだろう」と言う人もいます。

「諸行無常に連結して、諸法無我もある。それと同じように、この肉体というものに執着しても、この肉体なるものも、恒常《こうじょう》のままではいないのだ」ということです。そういう意味で、「苦しみだ」ということが言われているわけです。

ただ、これは、考え方の問題であって、何とも言えないところもあるのです。

2　ロボット映画に見る「諸行無常《しょぎょうむじょう》」

「死にゆくものであるからこそ人間」という定義

本説法《せっぽう》の前日、たまたま、「アンドリュー NDR114」という映画のDVDを観《み》ていたのですが、それは、ロボットが進化して人間になろうとする未来が舞《ぶ》台《たい》の物語でした。

最初は、金属製のようなロボットを買って、会社から送られてくるわけですが、家事を手伝ったり、ちょっとした用を足せるぐらいのレベルだったものが、その

●「アンドリューNDR114」　1999年にアメリカで公開されたSF映画。アイザック・アシモフ原作。人間になることを夢見るロボットが主人公の物語。

表面が人間の肉体のようになり、次には感情を抱《いだ》くようになり、さらには、神経系統を持つまでに至り、だんだん、人間と変わらなくなっていきます。

そこで、その未来社会における世界評議会のようなところで、そのロボットの、「この人間の女性と結婚《けっこん》したいから、人間であることを認めてくれ」という主張に対する評議がなされるのです。

しかし、評議会としては、「人間は必ず年老《としお》いて死んでいくのに、ロボットには永遠の生命がある。だから、人間として認めることはできない」というような結論が出ます。つまり、もし、好きな人と結婚をしても、女性のほうは年を取って死んでいくのに対し、ロボットは、永遠に若いままで死なないため、人間とは認められないし、結婚も認められないということなのです。

ただ、これもおかしいのですが、映画では、人間であることを、"Man《マン》 is《イズ》 mortal.《モータル》"と言っています。要するに、「死にゆくもの、滅《ほろ》びゆくものであるからこそ人間だ」という結論が出されていて、“immortal《イモータル》”、つまり、「不死である」ということは、「人間ではない」ということです。

これは、神に対して使われる言葉でもありますが、ロボットに対しても同じようなことが言われていて、「ロボットは年を取らないから、人間とは認められないし、結婚も許されない」ということなのです。

その後、また技術開発が進み、ロボットであっても、年を取ろうと思えば取れるような技術ができ、やっと、相手、パートナーに合わせて、自分も皺《しわ》が寄ったり、白髪《しらが》になったりと、年寄りのように外見《がいけん》が変わっていくようになります。

そして、最後は、死を迎《むか》えることもできたわけですが、西暦《せいれき》二〇〇五年につくられたロボットが二百歳《さい》に達するとともに、「人間として認める」という結論になるのです。

「年を取って死ねることは幸福だ」という観点もある

かつての預言書《よげんしょ》である聖書には、数百歳まで生きた人類がいたことが記録されていますが、その映画のなかの未来社会においては、二百歳まで生きた人間というのは稀《まれ》で、初めてのケースだというようなことでした。

「年を取って老いぼれて、死ねることは幸福だ」という論点からの映画であったので、釈迦《しゃか》仏教と比較《ひかく》し、まことに感慨《かんがい》深いものがありました。

「年を取って死ねることが人間の条件であり、だからこそ、人間的な感情が生まれ、結婚ができ、子孫がつくれる。『死んでいける幸福』というものもあるのだ」という観点で、ロボットを出してこられたことも、ある意味で、永遠に年を取らず、死ぬことのない神の存在の代替物《だいたいぶつ》としてなのかもしれません。

もし、本書を読んで傷つく人がいたら許してください。ただ、年を取って皺ができ、毛が抜《ぬ》けて、白髪になり、そして、死ぬことができる。そのように、外見に変化が現れると、苦しみを呼ぶことがありますが、それが幸福なこともあるということです。つくられたときのままから変化しないロボットであれば、同い年ぐらいの若い人と結婚しても、相手は年老いて、毛が抜けて、死んでいきますからね。

そのような映画を、本説法の前日の夜に、たまたま観ていました。

釈迦による「諸行無常《しょぎょうむじょう》」「諸法無我《しょほうむが》」の教えでは、死は苦しみになりますが、ロボットが「人間になりたい」と思ったときには、「壊《こわ》れていく。年を取っていく。老いぼれていく。機能が落ちて、錆《さ》びついたり、壊れたりして死を迎える。そのように死がなければ人間にはなれない。幸福にもなれない」という世界があるわけです。

もう一つの別の視点もあるということを、少し感じた次第《しだい》です。

ロボットの開発によって生じる「新たな問題」

やや脱線《だっせん》した話ではありましたが、やがて、ロボットないしサイボーグ等の開発が進んでいけば、できるだけ人間に近づけていくだろうということは分かります。

今あるロボットでも、ASIMO《アシモ》などがそうですが、人間に似た動きをするようなつくり方をしていますし、研究者は、「原発事故などがあっても、人間に代わって作

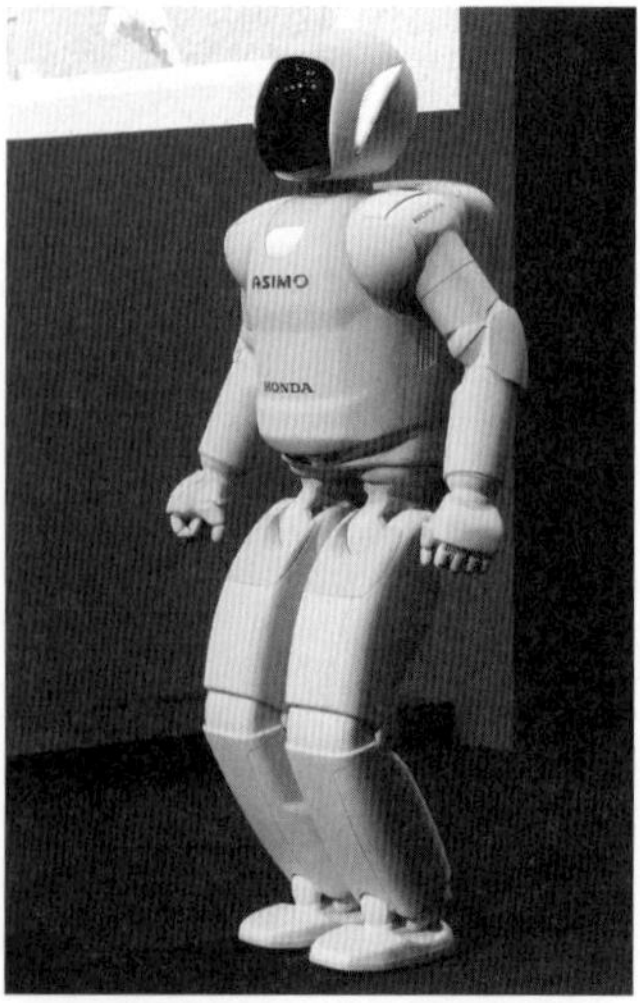

アシモ（ASIMO）
本田技研工業が開発した世界初の本格的な二足歩行ロボット。近い将来、人間の生活空間で活動することを想定している。

業に行《い》ってくれるロボットを、いかに人間的な動きができるようにつくれるか」ということで、一生懸命《いっしょうけんめい》、苦労してつくっているようです。

すなわち、直線的な動きではなく、いろいろと不可思議な、揺《ゆ》らぎのある動き方、つまり、曲線的な動きや、加減をしたりする動き方ができるようなロボットがつくれるかどうかを研究しています。道路を歩くような歩き方しかできないロボットでは、物が落ちていたり壊れていたりする事故現場などに入っていった場合、たちまち転倒《てんとう》して終わりになってしまうからです。

そのため、そういう異常性を感知しながら、それに合わせて動きを変えていけるようなロボットの開発も進んでいるようには聞いています。

行き着く先は、ロボットかサイボーグかは分かりませんが、できるだけ人間に近づけてくるであろうと思います。

家事ロボットなど、食器を洗ってくれたりするもの、掃除《そうじ》をしてくれたりするものは、すでにありますが、もし、それに人間の外見を持たせ、できれば、女性の容姿でつくるのであれば、腕《うで》によりをかけてつくると思われますので、最高級の美女に似せてつくるでしょう。そうなると、奥《おく》さんの存在が危機に陥《おちい》ることは、ほぼ確実です。そのロボットが、永遠に若いままで美しく、人間と同じような動きと感情まで覚え、家事をしてくれるとなれば、将来、極《きわ》めて危険なものが出てくることになります。

これについては、「私は法を説かずに済むのかな」とは思っていますが、いずれ、時代が追いついてきて、そういう世界に入っていくだろうと思うのです。

そういう人間的な動きができ、家事ができて、仕事もできるロボットをつくることが可能になるでしょう。

さらに、ニーズの開発から見れば、おそらく、男女の性的な結合も可能なロボットが研究されるのは、ほぼ確実と思われます。

エイズのようなものが流行《はや》っていけば、そういう心配のない、「上級ロボット」も開発されるでしょう。

最初は、一億円とか、すごい値段になるかもしれませんが、やがて車を買うぐらいの値段になって、だんだんに安くなっていくだろうと思います。

これは、男女の性別による人間の住み分けの問題にも影響《えいきょう》してくるでしょうし、それによって心配になるのは女性だけでなく、男性のほうもそうでしょう。

例えば、永遠に若く、理想の体型をした、ローマのコロッセウムで剣闘士《けんとうし》をしても、十分に通じるぐらいのご立派な肉体を持った男性ロボットがつくられたらどうでしょうか。その上、サイボーグ風の外見で、〝人工肉〟で人間そっくりの、「いつでも夫の代わりができます」というようなものが出てきたら、これはたまったものではありません。年を取ったり、転んだり、ケガをしたり、病気をしたりしたら、たちまち、ロボットに奥さんを乗っ取られる可能性が出てくる時代が来るかもしれないのです。

ロボット開発が進化した未来社会で説かれる法とは

さらに、ロボットの場合、例えば、特殊《とくしゅ》な装置をつけて、精液バンクから精液を買ってきて入れれば、妊娠《にんしん》させることも可能になるかもしれませんし、もし、そういうことがなかったとしても、実によく研究したロボットをつくれば、「何度セックスをしても妊娠しないから、実に便利だ」と言われるようなロボットもありうるわけです。

実は、これは、男性にとっても危険なことで、「もう危なくて、会社に働きに出かけられない。家にいるロボットがあまりに美男で、よいロボットであるので、危険で家を空《あ》けられない」というようなことも、ないわけではありません。

もしかしたら、こういう未来社会が近づいているのかもしれませんが、そのときに、どのように法を説くかは分かりません。私も今は、何とも申し上げられない状況《じょうきょう》にあります。

ただ、少なくとも、ロボットが開発されつつあることと、さらに今、技術的には、人のクローンもできることが分かっています。男からでも女からでも、その細胞《さいぼう》の一部を採ってクローンをつくれることが、技術的には分かっているのです。つまり、同性婚《どうせいこん》が流行ってきていますが、子供がつくれないわけではないことを意味します。

例えば、男同士の場合であれば、片方の細胞をもとに卵子バンクから買ってきた女性の卵子と結合させ、子宮のある女性に代理母をしてもらったり、人工培養《ばいよう》装置が十分に発達すれば、巨大《きょだい》試験管のなかでも子供が生まれる可能性もあるでしょう。

この同性婚の問題も、先ほど述べたロボットと同じではありませんが、将来の結婚制度のあり方、倫理《りんり》の問題として、今ある哲学《てつがく》や宗教では、解決不能の問題を含《ふく》んでいるのではないかと思います。

3 「現代仏教学」の根本的な誤りとは

原始仏教が解釈《かいしゃく》する「涅槃寂静《ねはんじゃくじょう》」の問題点

さて、先ほど述べた三法印《さんぼういん》とは、「諸行無常《しょぎょうむじょう》」「諸法無我《しょほうむが》」「涅槃寂静《ねはんじゃくじょう》」のことですが、「涅槃」とは、〝炎《ほのお》を吹《ふ》き消した状態〟のことです。この炎とは「執着《しゅうちゃく》の炎」を表しており、仏教の記述によれば、この世での、さまざまな動物的な衝動《しょうどう》に突《つ》き動かされた執着的な傾向《けいこう》からフリーになること、解放された状態になり、永遠の平穏《へいおん》のなか、静晏《せいあん》のなかにいられるようなことを「涅槃寂静」といいます。

ただ、このような状態を「退屈《たいくつ》だ」と思う人は、絶対にいると思います。「そんなところよりは、ディズニーランドのほうがよほど楽しい」と考える人はいるはずです。

「何にもなく、電気も通っていない尼寺《あまでら》のようなところで、ジーッと静かにいられれば幸福だ」というのが現代に通用するかどうかは分かりませんが、原始仏教に近い教えには、そういうものが遺《のこ》っていることも事実です。

ただ、この涅槃を「釈迦《しゃか》が目標としたものだ」という解釈《かいしゃく》で押《お》していったらどうなるかということについては、先般《せんぱん》、東大名誉《めいよ》教授の中村元《なかむらはじめ》博士の霊《れい》をお呼びしたことで分かっています（『仏教学から観《み》た「幸福の科学」分析《ぶんせき》』〔幸福の科学出版刊〕参照）。

中村博士は、「今、自分は〝涅槃〟にいるんだ」というようなことをおっしゃっていましたが、結局、そのあとに招霊《しょうれい》した、仏教学者の渡辺照宏《わたなべしょうこう》氏の霊の指摘《してき》によると、「本人は『涅槃にいる』と思っているけども、無明《むみょう》の世界にいるだけだ。（地《じ》獄《ごく》の）無意識界《むいしきかい》にいるんだ」ということでした。

渡辺氏は、「何も感じず、何の迷いもなく、何もない、動的な動きのない世界にいるということは、今、地獄にいるということだと分からないのか」というようなことを言っていたわけです。

つまり、「一切《いっさい》の悩《なや》みから解放された」と思ったら、要するに、ロボットであれば、結局、機能が停止した状態になったということ

中村元
（1912 ～ 1999）
仏教学者。東大名誉教授。著作『中村元選集』『佛教語大辞典』等。

渡辺照宏
（1907 ～ 1977）
仏教学者。僧侶。著作『渡辺照宏著作集』『新釈尊伝』等。

でしょう。「一切の悩みもなくなり、一切の欲望もなくなった世界に還《かえ》る」ということは、場合によっては、〝魂《たましい》の解体〟、つまり、〝魂の持つ機能がなくなった状態〟になっているということでもあるわけです。

そうした、いわゆる静晏の状態、あるいは、静穏《せいおん》の状態は、場合によっては、棺《ひつぎ》のなかに封印《ふういん》されているドラキュラと同じ状態であると言えるかもしれません。

したがって、このあたりの原始仏教の考え方が、本当に「永遠不変の真理」であるのかどうかについては、一定の疑問があります。

それだけ仏教を勉強した方が迷われたということであれば、あるいは、本人としては〝迷っていない〟ことでもって迷っているということであるならば、それは、一定の再検討の余地があると思われます。

釈迦《しゃか》の最初の悟《さと》り――「苦楽中道《くらくちゅうどう》」

確かに、釈迦《しゃか》の悟《さと》りのなかにも、やはり、発展段階はあったでしょう。

通説では、釈迦は、二十九歳《さい》で出家《しゅっけ》ということになっていますが、二十九歳までは、王子として、何不自由なく育てられ、王宮での生活や食事も、非常に恵《めぐ》まれたものでした。白米を食べていましたし、釈迦族の王宮に勤めていた人たちまで白米が食べられたといいますから、かなり豊かであったかと思われます。

出家　釈尊は、何不自由ない王宮での生活に疑問を抱き、29 歳のとき、人生の真実を求め、愛馬に乗って王宮を出て、修行生活に入った。
（写真：ボロブドゥール寺院遺跡）

さらに、着るものは、カーシー産の上物《じょうもの》でした。おそらく、肌《はだ》にとても優《やさ》しい、絹に近いようなものだと思いますが、そのカーシー産の着物しか着ないような非常に恵まれた生活だったのです。

また、仏典《ぶってん》には「美女五百人ぐらいに仕《つか》えられていた」というようなことも書いてあります。もっとも、数字的なものについては、インドは中国と同様に大げさなので、そのまま信用することは、やや不可能ではありますが。

しかし、釈迦は、その生活のなかで人生の苦悩《くのう》を感じ、また、そうした宴《うたげ》が続くような王宮のなかに無常を感じて、ある日、出家し、髪《かみ》を下ろして、山林修行《しゅぎょう》者になったわけです。

そうして修行を始めましたが、今度は、あばら骨だらけになってしまうのです。

私のところの近くに、あばら骨が出ている釈尊《しゃくそん》のレリーフがあるのですが、後ろから後光《ごこう》は出ているものの、あばら骨と血管までもが浮《う》いていて、もう、ミイラのような釈尊ではあります。あの状態で後光が出るのかどうか、若干《じゃっかん》、疑問がないわけではありません。あそこまで弱ると、いろいろな悪霊《あくれい》にもやられてしまう状態かとは思います。

そういう苦行《くぎょう》を、五人の仲間と共にしていたところ、あるとき、川で沐浴《もくよく》していたら、水に流されてしまうほど体が弱り、軽くなってしまっていて、「このあとは、もう死を待つのみだ」と自覚します。

しかし、そのとき、大木の下で禅定《ぜんじょう》している釈尊を見ていた、スジャーターと

ナイランジャナー河のほとりにあるセーナーニ村・スジャーターからミルク粥の布施を受ける釈尊。(写真:幸福の科学ネパール釈尊館)

は、一説にいう村娘《むらむすめ》がいました。彼女については、乙女《おとめ》と訳しているものもあれば、ちゃんとした亭主《ていしゅ》と子供がいる中年の女性だったという説もあります。それについて、細かい詮索《せんさく》はしませんが。体が弱り、その上、死に向かって禅定をしている釈尊に対して、このスジャーターが、ミルク粥《がゆ》を供養《くよう》したことになっています。

これは、ミルクで溶《と》いたお米を、お粥にしたようなものだと思うのですが、断《だん》食《じき》している人が、いきなり通常食を食べたら、普通《ふつう》、害があるのです。断食をしたあとに通常食を食べたら、お腹《なか》が完全にやられてしまうので、現代でも、最初は、お粥というよりは、米のとぎ汁《じる》や、水のようなお粥を食べるあたりから、だんだんと通常食に戻《もど》していきます。

釈尊も、それに近いようなものを与《あた》えられ、食べ物を食したときに体に力がグワッと湧《わ》いてきて、光が入ってくる感じを得たことが、仏典からも窺《うかが》えます。

それは、現代的に見ても分かることです。

疲《つか》れているときにご飯を食べたら、急にパッと力が湧いてきますが、これは、実際には、血糖値が上がってエネルギーが戻り、栄養分が入ったという信号を脳が得て、全身にエネルギーが出てくるのだと思われます。そして、その血糖値が上がるときに、同時に、体が温かくなる感じや、光が入る感じを受ける場合もあるのでしょうが、釈尊は、そういう経験もしているのです。

ただ、一緒《いっしょ》に修行をしていた修行仲間たちは、それを見て、「彼は堕落《だらく》した」と、見捨てて離《はな》れていきます。

その後は、一人で修行を続けていくわけですが、あるとき、釈尊は悟りを開きます。その最初の悟りは、「苦楽中道《くらくちゅうどう》」です。

「苦しみのなかにも、あるいは、王宮のような楽しみのなかにも悟りはなく、苦楽の中道のなかに悟りはある」という悟りを得たのです。

これは、別の言葉で言うと、「苦しみに耐《た》えるだけの修行をしていたのでは、苦しみから逃《のが》れることや、あるいは、苦しみを忘れることしか考えられないし、もちろん、楽のなかだけにあったのでは、『これでもか、これでもか』と、楽しみにつぎ込《こ》んでしまう」ということです。

例えば、アメリカで言えば、「ラスベガスでカジノにのめり込み、やめられなくなったような状態」と言えばよいでしょうか。遊び始めたら、「これでもか、これでもか」となって、やめられなくなっていくような状態というものがあると思います。

何でもそうですが、この「楽《らく》」、つまり、楽しみごとでも、のめり込みすぎたら身を滅《ほろ》ぼすことになるのです。

例えば、お酒にしても適度なものは〝良薬〟になることもありますが、身を滅ぼすところまでいくものも当然、あります。酒飲みになって、仕事ができなくなってしまう者もいます。

あるいは、異性に関しても同じで、のめり込みすぎたら、当然、失敗する場合もあります。

「楽」のなかにも、いろいろなものがありますが、楽しみごとでも、自分を破《は》滅《めつ》させるものもあるわけです。

こうして、釈尊は、「苦楽の両極端《りょうきょくたん》のなかには悟りはない。中道のなかに悟りはあり」という、「苦楽中道の悟り」を開いたのです。いちばん簡単な悟りとしては、これがあります。

仏教から「神秘的要素」を取り去った現代仏教学

さらに、釈尊は、そのなかで「智慧《ちえ》」を得ようとしました。私の著書『悟りの挑戦《ちょうせん》（下巻）』（幸福の科学出版刊）でも、「苦楽の両極端を捨て、智慧を求めたことが、仏教が世界宗教になった理由なのだ」というようなことを書いていたかと思いますが、これは、ある意味では、当たっていると思います。

ただ、この「智慧」なるものを、この世的な意味での、人間の頭で考えた学問を研究する、知識を勉強して覚えることと同義に考えた場合には、間違《まちが》いが発生する可能性はあるでしょう。

「仏教は智慧の宗教になったため、世界宗教になった」と考えられるものを、「学問的に研究したものを知ったがゆえに悟った」というように捉《とら》える

釈尊の出家から６年間の修行生活、大悟に到るまでの仏伝をはじめ、大乗仏教の真髄が詳しく紹介された仏教書。「苦楽中道」の悟りなど、釈尊の本心が明かされている。
（幸福の科学出版）

なら、ここが誤りになると思うのです。

これが、実は、〝中村元博士の問題〟なのではないでしょうか。文献学《ぶんけんがく》的に積み上がった仏典はたくさんありますが、たいてい、釈迦没後《ぼつご》数百年がたったあとに、後世の弟子《でし》たちが書いた物が多いので、創作もされていて、フィクションがそうとう入っていることは事実です。

そうしたフィクションを全部取り去っていき、さらには、もともとあったと思われるような神話的要素の部分も取り去って「人間・釈迦」の部分を取り出し、「科学的、社会科学的、人文科学的に見ても『人間・釈尊』ということを洗い出すことができれば、哲学者《てつがくしゃ》ないし道学者《どうがくしゃ》的な釈尊像を導き出せる」というあたりに、中村元博士の仕事の中心はあったのだと思うのです。しかし、その考え方にも、何らかの間違いがあったであろうということは、中村元博士自身の死後リーディングを見れば分かります。

やはり、仏教の悟り、つまり、「仏陀《ぶっだ》が得た真理」というもののなかには、「この世とあの世にかかわる真理」と、「霊魂《れいこん》と肉体との相関関係にかかわる真理」があったということは、明らかだろうと思うのです。

これを無視して、文献学的に見たもの、今で言えば、活字としてだけ見た、知識的なものを暗記してマスターできれば、「悟った」と言えるようなものではなかったことは、明らかです。おそらく、ここに間違いがあったと推定されます。

そういう意味では、「神秘的なるもの」をすべて剝《は》ぎ取ったなかに、「霊的なるもの」が消えた部分があったのではないでしょうか。

現実生活で「あの世の存在」を示し続けることが宗教の使命

通常の人は、みな、この世に生きている間に、あの世のことを忘れてしまいますが、宗教のいちばんの目的は、それを忘れさせないようにすることです。

「実際は、あの世の世界からこの世、つまり、実在界《じつざいかい》からこの世に生まれてきて、何十年かを生き、また、あの世、実在界に還らなければいけない。そのときに困らないようにするシステム的な智慧が、宗教の発明であった」と思われるので、やはり、この使命を完全に捨てた宗教というのは、基本的に、使命を果たしていないと思えるわけです。

神秘性を剝ぎ取って、それと同時に、人間的なところだけを解明し、人間を、魂もなく、脳と神経、ＤＮＡだけの存在にしていった場合、基本的には、「人間ロボット説」に近づくものがあり、そこに、何か間違ったものがあるのです。

つまり、人間を科学的に分析し、「人間ロボット説」「人間機械説」まで持っていくのなら、これもまた、現代的に言えば、「中道から離れた、一つの極端な説である」ということです。

また、一方では、この世に生きている人間である以上、肉体を維持《いじ》しながら、数十年間を幸福に生きわたってゆかねばならないわけで、この肉体的な部分についてのメンテナンス的なものを完全に無視した人間観というものも、砂上《さじょう》の楼閣《ろうかく》だと言えるでしょう。

現代でも、極端な修行をする方がいますが、やはり、肉体と共存している、「色心不二《しきしんふに》」の世界であることを忘れた宗教観、つまり、魂だけの単なる「唯心論《ゆいしんろん》」というのは、霊的自覚としてはよいとしても、現実生活を持った人間として生きていく人々を導く原理としては、十分ではないと思うのです。

したがって、私は、肉体管理のなかに、ある程度の幸福論の基礎《きそ》の部分も入らなければならないと思っています。今では、そのような考え方を持っているわけです。

4　小乗《しょうじょう》仏教の問題点

「小さな乗り物」を意味する小乗《しょうじょう》仏教

　さて、タイについての問題ですが、タイの宗教は、いわゆる、「小乗《しょうじょう》仏教」と言われている仏教です。

　これは、大乗《だいじょう》仏教から批判した言い方であるため、彼ら自身は、「小乗仏教」という言い方をしません。大乗仏教は、「大きな乗り物」という意味で、言葉を換《か》えれば、「大きな筏《いかだ》」です。例えば、洪水《こうずい》のときでも、大きな筏であれば、人間も動物もたくさん乗せて、向こう岸に渡《わた》すことができます。このように、「大きな乗り物だから、大勢の人が救えるのだ」という「救済の宗教」が、大乗仏教であるわけです。

やはり、これは、必然的に必要があって生まれてきたものだと思いますし、釈《しゃく》尊《そん》による天上界《てんじょうかい》からの導きがあったことは確実だと思われます。

文献《ぶんけん》で遺《のこ》っている仏教と、そこから伝わっている作法だけを、ただ厳格に守っていくのが小乗仏教です。大乗仏教の「マハーヤーナ」に対して、「ヒーナヤーナ」と言い、「小乗」とは、少し蔑視《べっし》した言い方にはなりますが、「小さな乗り物」ということです。

要するに、「自分一人が救われるかどうかしか考えていない、小さな乗り物だ」という見方です。これは、釈迦《しゃか》が自己修行《しゅぎょう》に励《はげ》んでいたときの部分を中心に捉《とら》えた考えだと思います。

タイの仏教自体は、この小乗仏教が、現代まで厳格に伝わってきているわけです。これは、スリランカでも同じです。

「仏陀再誕《ぶっださいたん》」を認めない小乗《しょうじょう》仏教の〝智慧《ちえ》〟とはニヒリズムか？

タイに伝道するに当たって、当会の国際本部が、最初に障害として捉えたものは、小乗《しょうじょう》仏教のなかにある、「仏陀《ぶっだ》は涅槃《ねはん》に入《い》ったら、もう、この世には生まれ変わってこない」という思想だと思います。

これに対しては、もちろん、インドのなかにも「未来仏《みらいぶつ》」という考え方はあるので、魂《たましい》の個性として同一人物かどうかは別としても、「未来にも、衆生《しゅじょう》救済のための仏陀は生まれてくるし、過去にも、たくさん生まれている」という思想自体はあるわけです。

したがって、これは、個性として肉体を持った存在に同一性があるかどうかという議論は別途《べっと》あるにしても、「未来に仏陀が永遠に生まれないわけではないことは、ある程度、分かっている」ということです。

では、historical《ヒストリカル》-Buddha《ブッダ》（歴史的な仏陀）自身は、涅槃に入って消滅《しょうめつ》してしまったのか。あるいは、空気のようになってしまったのか。あるいは、肉体を焼いたら、灰になり、二酸化炭素と煙《けむり》になって空中に広がって消えてしまうように、魂そのものも、雲散霧消《うんさんむしょう》してしまったのかということですが、これを論理的に考えると、「この世で修行

未来仏　仏教の伝説で、釈尊の次に現れると予言された仏陀。（写真右：アジャンター石窟寺院に描かれた未来仏）

をして智慧《ちえ》を得た結果、水蒸気と二酸化炭素になって消えていく」というのは結論として見たときに、何らかの非合理性が残ります。

「神ないし仏なる崇高《すうこう》な存在が、この世の成立と、この世の人間の存在にかかわっている」ということを認める立場から見ると、この考え方のなかには、ニヒリズム（虚無《きょむ》主義）はあっても、それを超《こ》えた智慧はないのではないかと思われるのです。

「避難《ひなん》する」という意味合いを持つ「三宝帰依《さんぽうきえ》」

また、そうしたニヒリズムで満足される方や、「ニヒリズムと唯物論《ゆいぶつろん》、無神論が結びついたものが仏教の本質」と考える学者から見れば、基本的に、「智慧とは何だったのか」というところが、もう一つ、問題になります。

これは、先ほどの話で言えば、「人間が老朽化《ろうきゅう》して、年を取って死んでいくのが嫌《いや》だから、不死を得て、永遠の若さと永遠の機能を維持《いじ》したい。そのため、永久燃料的な動力を持ったロボットに生まれ変わることができたら幸福だ」という思想に近いかもしれません。あるいは、「年を取って死んでいく不幸を得るぐらいであれば、消滅してしまうとよい。そのような苦しみを得るために、再び生まれ変わってくるようなことはないのが幸福だ」という思想なのかもしれません。

確かに、初期の、出家《しゅっけ》をいろいろと勧《すす》めていた時期の仏陀の教えのなかには、それに似たものはあったと思われます。

ただ、それは、当時のインドの民衆社会のなかに、戦乱、飢饉《ききん》、病苦、その他、争いごと等、さまざまな矛盾《むじゅん》に満ちていたことも事実で、どうにかして、そこから避難《ひなん》しようとしていた人たちがいたのです。その彼らを導こうとして、出家させていた部分もあります。

実際、出家で救われた者もいましたが、出家制度にも人数に限度があります。みなを出家させると、托鉢《たくはつ》で生活することになりますから、今度は、養える人数に限界が出てきたのです。そういう意味で、また、いろいろと条件が付いてくるようになり、全員が出家できるようにはならなくなりました。

伝統的な仏教では、「三宝帰依《さんぼうきえ》する」「三帰《さんき》する」と言うのに、「テイク・レフユージ」という言い方をします。"in take refuge three treasures"《インテイクレフュージスリートレジャーズ》で、「三宝に帰依する」と言いますが、「三宝に避難する」というような言い方ですので、まことに不思議な感じで、洪水から逃《に》げるような意味合いを持っているわけです。

最初のころの出家の感じは、そうだったのだろうと思います。

つまり、「煩悩《ぼんのう》の炎《ほのお》で燃えて苦しみのなかにある俗世《ぞくせ》から出て、山林のなかで自由修行をし、悟《さと》りを求めることのほうが、澄《す》んだ心でいられ、清らかで、非常に幸福だ」という経験を、釈迦は実際にしたのでしょう。

●三宝帰依　仏弟子として「仏・法・僧」の三宝に帰依すること。

組織維持《いじ》のために変化を経験していった仏教教団

ただ、仏陀教団が長く続き、ある意味での組織ができてきた段階で、おそらくは、考え方が変化したに違《ちが》いないと思います。やはり、一定以上の人数が集まってくると、その出家修行者たちも、自由な出家修行者だけでは済まなくなってくるのです。

組織を維持《いじ》するということになると、当然ながら、そのなかに、ルールの制定が必要になり、それは、「戒律《かいりつ》」として現れてきます。そして、「戒律」ができてくると、ある意味では、この世とも似たような部分が出てくるのです。

あるいは、会社であれば、社則や、社内のいろいろな判断方針などがあるかと思いますが、そのように、一定の組織になってくると、似たようなものは出てくるわけです。

仏教教団も、おそらくは、大きくなるにつれて、そういう経験を経てきたものだと思われます。つまり、「釈迦単独で出家したころ」や、「山林での修行仲間を得たころ」、「仲間を少し増やしたころ」の間で、考え方に段階的なずれが生じてきたのではないでしょうか。

例えば、●提婆達多《だいばだった》が釈迦晩年期に反旗を翻《ひるがえ》し、「教祖の座を譲《ゆず》れ」と迫《せま》ったのは、おそらく、釈迦が七十二歳《さい》ごろのことではないかと言われています。「もう、釈迦も老《お》いぼれたし、判断力も落ちた。だから、若い者に譲れ」と迫ったようですが、ただ、計算してみると、どう考えても、提婆達多も、そんなに若いはずがありません。提婆達多が、阿難《あなん》の兄弟で、釈迦の従兄弟《いとこ》ということなら、年齢《ねんれい》差から考えて、どう若く見積もっても、五十代より若いとは思えない年齢ではありません。したがって、少々矛盾がないわけではありません。

●**提婆達多**　釈尊在世時の仏弟子の一人で、マガダ国の阿闍世王と共謀して教団分裂を企てるなどの罪により教団を追放された（本書 P.70 参照）。

ただ、会社の社長年齢で考えれば、「七十二歳の社長が、年を取っているので、五十代の人に『替《か》われ』と言われる」というようなことは、ありうることかもしれません。

仏陀《ぶっだ》教団に反旗を翻《ひるがえ》した提婆達多《だいばだった》の主張とは

提婆達多《だいばだった》の事件は、仏教の歴史のなかでは、もちろん、「反旗を翻《ひるがえ》したために地獄《じごく》へ堕《お》ちた」ということになっていますが、中村元《なかむらはじめ》博士のように、「提婆達多一派は、非常に厳格な原理主義者であり、初期の仏教の思想をそのまま維持しようとしていた一派ではないか」という見解もあります。

例えば、食事は托鉢のみによるべし。托鉢をして、一日一食食べるだけ。また、持ち物は「三衣一鉢《さんねいっぱつ》」、すなわち、三重《さんじゅう》に重ねて着る衣《ころも》三枚と、托鉢用の鉢《はち》一つしか持ってはいけない。

それから、もともとの「出家」の定義は、「家から出ること」であるゆえに、家屋のなかで寝泊《ねと》まりせず、樹下《じゅげ》で雨宿りをする。これが出家の意義であるということです。

ただ、それでは、虫や鳥などとよく似ていて、ほとんど動物と変わりません。

ときどき、大雨が降ったりすると、私も、「鳥たちはどうしているのだろうか」と心配になったりすることがあります。夏に雨が降れば、「アゲハチョウは、いったいどこへ隠《かく》れるのだろうか」「カブトムシたちはどうしているのだろうか」などと、鳥や昆虫《こんちゅう》がテイク・レフュージ（避難）できているかどうかが少し心配になるのですが、やや、それに似たところがあるでしょう。

彼らは、積み重なった葉っぱの下に隠れたり、葉っぱの裏側にぶら下がったりと、いろいろなかたちで逃《のが》れているようですが、提婆達多も、「最初がそうだったのだから、そういう生活をせよ。また、もちろん、金銀財宝等を持ってはいけないし、接待を受けてもいけない」などと主張したのです。

大黒天《だいこくてん》の出現で豊かになってきた仏陀《ぶっだ》教団

提婆達多がそのようなことを言っていたのは、仏陀《ぶっだ》晩年のころのことで、教団が豊かになってきて、在家《ざいけ》信者にも大黒天《だいこくてん》的な方が増えてきていたため、接待を受けることが多くなってきていたわけです。

在家信者のなかには、アンバパーリーのような高級娼婦《しょうふ》まで入っていました。今の金額でどのくらいに当たるのかは分かりませんが、彼女たちは、「一晩で五十金を稼《かせ》ぐ」とか「百金稼ぐ」とか言われており、政治家や高級官僚《かんりょう》、王族等しか相手にしないような人々だったので、お金をだいぶ儲《もう》けることができたのでし

●**大黒天**　仏教の守護神。そこから、教団の活動を支えるための支援を惜しまない人々の呼称として使われることもある。
●**アンバパーリー**　釈尊在世時の仏弟子の一人。美貌に恵まれた遊女で、釈尊を招待して説法を受け、所有していた果樹園を寄進。のち出家した。

よう。

仏典《ぶってん》には、そのアンバパーリーに釈迦教団の弟子《でし》たちが多数招待され、夜明けから大忙《おおいそが》しで食事の準備をするシーンなどが描かれています。

インドは暑くて食べ物が悪くなりやすいため、気温が上がる前に食べないと腐《くさ》ってしまうということもあり、托鉢も午前中に行われていました。その日も、早朝あるいは夜中から準備に入り、接待し、お礼代わりに釈尊が法話《ほうわ》を説いたようなことが出てきます。

もし、私が、そのような要請《ようせい》を受けたらどうでしょうか。「料亭《りょうてい》で接待されたあとに、説法《せっぽう》ができるか」と考えると、さすがに、満腹《まんぷく》後ではきついのではないでしょうか。酒は出なかっただろうと推定しますが、満腹になって、みな、昼寝したくなるほどの状態で、お腹《なか》を叩《たた》きながら説法ができたかどうか、私も少し疑問はあるのですが、おそらく、代表者としてやっていたのだろうとは思います。

こういうものが、提婆達多一派には〝堕落《だらく》〟というように映っていたのでしょう。

「あくまでも、個人で托鉢して一食を得るべきであり、樹下坐《じゅげざ》をし、よい寝具《しんぐ》などでは寝ない。そういう初期の厳格な戒律を守るべし」ということだったのです。

イエスも、娼婦との交遊について伝統的なユダヤのラビ（聖職者）からの指弾《しだん》を受けているわけですけれども、釈迦にも高級娼婦まで弟子にしてしまうだけの雅量《がりょう》があったわけです。しかし、これなども、なかなか納得《なっとく》がいかないわけです。初期の厳格な、あばら骨が出るほどまでの苦行《くぎょう》をしていた仲間から見れば、やはり堕落したようにも見えるでしょう。

特別食でふくよかになった晩年の仏陀《ぶっだ》

確かに、仏陀《ぶっだ》像のなかには骨が出ているものもありますが、晩年のものはふくよかな顔になり、耳も垂《た》れ、お腹も出ています。

ちなみに、アメリカ西海岸には「Buddha's Belly《ブッダズベリー》」という店があり、私も一回行ったことがありますが、「何だろう?」と思ったら、●布袋《ほてい》さんを祀《まつ》ってある店でした。仏陀が、そんなに太っていて、まるまるとお腹が出ていたように印象されているのは、うれしいような、うれしくないような気がします。それは、「しっかり食べて満腹になってください」という意味ではありましょうけれども、スタイル的には、それほどよいものではありません。

「Buddha's Belly」ではなく、「布袋和尚《おしょう》」と言ってくれれば、それはそれで安

●布袋　中国唐代に実在した僧侶がモデルとされている。福々しい太鼓腹と背中の袋が特徴で、日本では七福神の一柱ともなっている。

心するのですが、〝ブッダ〟と言っているのに布袋さんの姿で祀られたら、「あれ？　仏教って、そういう宗教だったのかな」と見える面もあって、若干《じゃっかん》、冷《ひ》や汗《あせ》の流れた覚えがあります。

仏陀の晩年には、布施《ふせ》をする在家制度もかなりできてきたので、そういう意味では、初期に比べれば、飢《う》えることもほとんどなくなってきていたことも事実です。

最初のころの戒律では、仏陀もほかの修行者も同じように、交替《こうたい》でお鉢を持って托鉢に行っていました。ただ、全員が行くわけではなく、瞑想《めいそう》などの修行をしている人もいて、当番制で、何人かが托鉢に行き、それを分けて食べるような、健気《けなげ》というか、非常にささやかで慎《つつ》ましい生活をしていたわけです。貧しい場合には、必ずそうなるでしょう。

しかし、晩年になると、そのような接待をされることもありましたし、仏陀も偉《えら》くなっていたので、〝仏陀食《ぶっだしょく》〟というものもありました。「先生と自分たちがまったく同じものを食べるというのは、さすがに申し訳ないのではないか」ということで、弟子が〝仏陀食〟を出すようになったのです。すなわち、お布施で頂いたもののなかから、できるだけよいものを仏陀に差し上げなければいけないようになっていたわけです。それは、師弟《してい》の情としては当然のことかとは思います。

仏陀も、その〝仏陀食〟を召《め》し上がると、「Buddha's Belly」風に、だんだん、まるまるとした仏陀になっていかれます。

当会でつくった映画（「黄金の法――エル・カンターレの歴史観」）のなかに出てくる仏陀でさえ、「もう少し細くしてくれないかなあ」と思うほどです。仏陀がまるまるとしており、空中に上がったりするシーンが出てきたりして、それが事実ならしかたがありませんが、「若干、太っているなあ」と思いながら見てはいたのです。

●「黄金の法」　大川隆法製作総指揮のアニメーション映画（2003年公開）。

確かに、多少、差がついていたのは事実でしょうし、そういうものを見て、「堕落している」と批判した人もいただろうとは思います。

別派をつくろうとした提婆達多《だいばだった》を肯定《こうてい》的に捉《とら》えた中村元《なかむらはじめ》博士

提婆達多《だいばだった》は別派をつくろうとして、五百人ほどの仏弟子《ぶつでし》を連れていったと言われているわけですが、この「五百人」が正しいかどうかは分かりません。ただ、ある程度の人数を連れて別派をつくり、阿闍世《あじゃせ》王からお布施を供給してもらう約束を取り付けて、やろうとしたのでしょう。

しかし、当時の二大弟子である大目連《だいもくれん》と舎利弗《しゃりほつ》が、提婆達多に連れていかれた五百人を取り返しに行き、連れ戻《もど》してきたという仏伝《ぶつでん》が遺《のこ》っており、その後、仏陀は、死ぬまでの八年ほど、教祖をし続けたことになっているわけです。

●阿闍世王　「親殺し」の悪名高いマガダ国王。のちに悔悟して仏陀に帰依した。
●大目連と舎利弗　仏陀教団の二大弟子。

そうした提婆達多等のことを、中村元《なかむらはじめ》博士は、「非常に真面目《まじめ》な一派だったのではないか」と、わりあい肯定《こうてい》的に捉《とら》えています。

その証拠《しょうこ》として、「後世、お経《きょう》を求めて中国からインドに入った翻訳僧《ほんやくそう》が、『提婆達多を祀ったお堂や祠《ほこら》といったものがある』という記録を遺していることなどから、実際には、提婆達多派は消滅したのではなく、昔、ここにいたのだろう」というようなことを書いてあったと記憶《きおく》しています。

よくは分かりませんが、提婆達多について、そのような捉え方をしたことも、中村博士が、死後、地獄に行っている理由の一つかもしれません（前《ぜん》掲《けい》『仏教学から観《み》た「幸福の科学」分析《ぶんせき》』参照）。少し〝左〟に寄る傾向《けいこう》があって、偉くなる人に対して批判する気《け》があったのかもしれません。

仏教学者の中村元氏と渡辺照宏氏の霊言を収録。
（幸福の科学出版）

5 タイの出家《しゅっけ》制度と戒律《かいりつ》の問題

初期の戒律《かいりつ》を厳格に守ろうとする小乗《しょうじょう》仏教

さて、タイの宗教は、いわゆる小乗《しょうじょう》仏教、すなわち、初期の修行《しゅぎょう》形態を濃厚《のうこう》に含《ふく》んでいて、戒律《かいりつ》を厳格に守ろうとする宗教です。要するに、それを少しでもゆるがせにしたら、すぐに崩《くず》れるため、厳格に守ろうとする一派が小乗仏教なのです。

そのもとになったのは、どのようなものでしょうか。

仏陀《ぶっだ》は「和合僧破壊《わごうそうはかい》の罪」を戒《いまし》めていましたが、歴史的には、仏陀の死後、結局、十八派あるいは二十派に教団が分かれていきました。

そのなかには、教えをやや哲学的《てつがく》に解釈《かいしゃく》することを中心にした人たちがいました。それは、頭のよい人たちなのでしょうが、哲学者群のようなグループが出てきて、「これ以外の解釈はない」というように、そうとう教学的に固めたものをつくっていったのです。

小乗仏教のなかには、その流れを引いたものが入っているのではないでしょうか。そのため、彼らは、「仏陀のつくった戒律であるのだから、これを変えてはならない」というようなことを言うわけです。

しかし、実際の問題として、戒律の数はかなりあります。何か事件が起きるたびに、戒律がどんどん増えていったため、何百戒とあり、〝五百戒〟などと言われたこともあるようです。

●**和合僧破壊の罪**　仏陀教団を分裂させる重罪で、対象者は教団追放となった。

ただ、それは、時代によって変遷《へんせん》がありうるものなので、二千年以上も維持《いじ》すれば、やはり、さまざまな社会的な齟齬《そご》を来《きた》すと思うのです。

時代や国情に合わせて変化させていった大乗《だいじょう》仏教

一方、大乗《だいじょう》仏教については、時代の変化や国情に合わせて、ずいぶん変化させていきました。

例えば、仏教の五戒のなかには、「酒を飲むなかれ」という「不飲酒《ふおんじゅ》」の戒律も入っていますが、中国で仏教が広まったときには、そうは言っても、昔の山寺は寒く、体を温めるための暖房《だんぼう》機もなく、炭もそれほど豊富にあるわけではなかったので、在家《ざいけ》信者からのお酒の差し入れは、ありがたいものだったのではないでしょうか。

お酒を差し入れられるとありがたいから、「これはお酒ではなく、『般若《はんにゃ》の智《ち》慧《え》』が得られる〝お湯〟である」ということで、「般若湯《はんにゃとう》」と言い換《か》えたりしていたわけです。このへんは、「ものは言いよう」です。

今で言えば、「自衛隊は軍隊ではない」、あるいは、「白馬は馬ではない」というような論理に、やや近いかもしれません。「酒ではなく般若湯である。智慧を得るためのお湯だ」という言い方で、グイグイと飲んでいるでしょう。

それから、禅宗《ぜんしゅう》などでは農作業をしていました。禅寺で稲《いね》や野菜を植えたりして農作物をつくり、自給自足で食べられるようにしています。

ただ、これも、原始仏教に戻《もど》れば、仏陀は禁じているのです。なぜならば、土のなかには生き物が棲《す》んでいるため、農業をすると、必ず生き物を殺してしまうからです。例えば、ミミズを殺してしまったり、その他、土のなかのいろいろな生き物を殺してしまったりすることがありますので、それを厳密に守れば、農業もできないことになってしまいます。

出家者《しゅっけしゃ》が農業をしないのは、別に構わないのですが、在家の人が農業もできないのでは困るでしょう。結局、「見なかった」ということにするしかできなかったのです。

自給自足で農業も行った中国の仏教者

しかし、仏教が中国に行ったときには、仏教者も農業を行うようになり、自給自足経済をしています。これも、原理主義的な仏教からすれば、「生き物を殺すこと」になるため、厳密には、戒律に反していることであり、できないことになるわけです。

仏教はジャイナ教●にも少し似ていると言われていますが、ジャイナ教のほうが、

●ジャイナ教　釈尊在世時を代表する「六師外道《ろくしげどう》」の一人、マハーヴィーラを仰ぐ宗教。苦行・禁欲主義をとる。

もう一段、戒律が厳格であり、生き物を殺してはならないため、農業ができません。そこで、ジャイナ教は商業階級のほうに入っていき、わりあいに裕福《ゆうふく》になったりしているのですけれども、実に難しいものがあると思います。

日本の法律でも、いったんつくったものを廃止《はいし》するのは難しく、毎年毎年、法律がつくられ、通達を出され、増えてばかりである一方で、これを減らすことはなかなか難しいものです。

ドラッカー的には、「イノベーションとは体系的廃棄《はいき》だ」といいます。新しいものをつくること自体は結構ですし、それは面白《おもしろ》いことでしょうが、

（幸福の科学出版）

（幸福の科学出版）

（ＨＳ政経塾）

ピーター・ドラッカー（1909 ～ 2005）
「現代経営学の父」と呼ばれ、マネジメントを提唱した経営学者。現在、幸福の科学指導霊の一人として、たびたび霊言を降ろしている。

今までやってきたことを捨てるのは、なかなか簡単にできるものではありません。捨てる人には判断の責任が生じますから、捨てないで、だんだん溜《た》まっていくことになるのです。

その意味で、中国仏教では、般若湯を飲んだり、農業をしたりと変化しています。

●百丈《ひゃくじょう》懐海《えかい》和尚《おしょう》なども、「一日《いちじつ》作《な》さざれば、一日食らわず」と言っていたようですが、それについてはこんな話があります。

百丈和尚が年を取ったため、弟子《でし》たちは、「老師よ、もう、農作業をやめて、若い者に任せてください」というつもりで気を利《き》かせ、あるとき、農作業の道具を隠《かく》したのです。

百丈懐海（749～814）
中国唐代の禅僧。出家者に労働を課し、自給自足の修行生活を送った。

百丈和尚が農作業に出ようとしたところ、道具が見あたらないので、その日はやめたのですが、そのかわり、「働かない以上、食べるわけにはいかない」ということで、断食《だんじき》に入ってしまったのです。

結局、弟子も降参して、また農作業の道具を出してきたそうです。

これは、「働かざる者食うべからず」という言葉にも通じる話でしょうし、美談のようにも見えるのですが、もともとの仏教では、農作業をしてはいけないことになっているので、実はそれに反することになるわけです。

出家《しゅっけ》して一人前と認められるタイの男性

このように、大乗仏教には、国によって変化して適応していった面がかなりありますが、小乗仏教では、その原形を頑《かたく》なに守ろうとした傾向《けいこう》があるでしょう。

これはタイにも入っています。

同じ小乗仏教でも、「タイ」と「スリランカ」とでは多少の違《ちが》いがあると思われますが、タイの場合には、一種の徴兵制《ちょうへいせい》に近いような風習として、まともな男性なら、基本的に、一度は出家《しゅっけ》しなければ一人前と認められないのです。若い時代に軍隊での兵役《へいえき》義務がある国もありますけれども、それに似たようなかたちで、タイの男性は出家の経験をすることが多いわけです。

それは、わりあいに短期であることが多く、短いものであれば、雨季の「雨安居《うあんご》」の時期、雨ばかり降って、この世的にも仕事ができないような三カ月間ぐらいのなかで出家するのです。そして、その期間には、いわゆる「三帰五戒《さんきごかい》」をして、髪《かみ》を剃《そ》り、お坊《ぼう》さんと同じように、厳格に規律を守る生活をします。

そのように、一般《いっぱん》の人も、一度、出家をすることで天下に覚えられますし、「両親に対する供養《くよう》・功徳《くどく》になる」ということで、出家が勧《すす》められているわけですが、「出家した経験のない者は、一人前ではない」という扱《あつか》いをされることがあるといいます。

ちなみに、そうした規則のなかには、「役人は出家できない」というものもあるようですが、それでは、役人になった者はみな地獄《じごく》へ行ってしまうことになって、大変です。

そこで、役人も、「何とかして出家しなければならない」と、有給休暇《きゅうか》を利用して出家するようになっています。そのため、有給休暇が百日以上も取れることになって

雨安居　雨季に精舎等にこもって修行すること。
タイの男性は、一生に一度は出家の経験をすることを推奨されており、雨安居の時期に一時的に休暇をとって出家することが多い。

いて、休暇の間に出家の経験をすることがあるのです。

異性との接触《せっしょく》を禁じているタイ仏教

その数カ月の間は、いわゆる原始仏教と同じように、「殺すなかれ」「盗《ぬす》むなかれ」「犯《おか》すなかれ」から始まり、「金品等を受け取らない」「贅沢《ぜいたく》をしない」など、当時の厳しい戒律をそのまま守るわけです。

ただ、それに伴《ともな》う問題がたくさん出てきていることも否《いな》めません。

例えば、「女性」の部分です。

原始仏教の、最初のころの戒律を厳格に守ると、当然、異性と付き合ってはいけませんし、触《ふ》れ合ってもいけないことになっていますので、女性から物をもらうこともいけないわけです。そのため、タイなどでは、女性が物を差し出す際、何かに包んで両手で渡《わた》したりするわけです。

それから、僧侶《そうりょ》をしている間は、異性と接触《せっしょく》してはいけませんので、もちろん、独身でなければならず、結婚《けっこん》することはできません。ただ、それも短期間のこと、例えば、「九十日間は結婚しない」ということであれば可能でしょう。

なお、日本の民法にも、離婚《りこん》した女性は一定期間結婚できないという規則がありますけれども、これは、「医学的に問題がある」ということで、いろいろと揉《も》めた経緯《けいい》がありました。現代では、妊娠《にんしん》したら、すぐにチェックできるため、「誰《だれ》の子か」ぐらいは分かるでしょう。しかし、まだ分からない時代につくられた法律だったので、女性論者からは、「女性だけ差別だ」というような議論があったかとは思います。

それはともかくとして、タイでは、僧侶は結婚できないことになっています。

それから、「女性は同行することができない」ということです。

そうしたタイの仏教からは、「日本の仏教は、仏教ではない」という見方をするのが基本的な判断です。つまり、「日本の僧侶は僧侶ではない。これは仏教に非《あら》ず」という考え方を、基本的には持っています。

その一方で、タイの仏教に対する誇《ほこ》りをずっと持っているわけですが、その「国民皆《かい》出家制」のようなものがあるために、みな、それを一度経験していると ころに問題があるのではないでしょうか。

もちろん、昔の哲学者のなかにも、女性を罪悪視し、「結婚しないほうがいい」という人もいましたが、哲学者には独身が多いので、そういう人がいても、別に構わないとは思います。

禁欲的な出家《しゅっけ》経験の反動から犯罪行為《こうい》が横行《おうこう》するタイ

タイでは、九十日や百何十日、一年、二年と、短期間、いったん出家《しゅっけ》の経験をして、また在家に戻るわけですが、常時、二十五万人から三十万人ぐらいは出家しているようです。

そして、在家に戻ったあとに反動が来て、今度は目茶苦茶《めちゃくちゃ》になるのです。

例えば、タイにおけるエイズの罹患者《りかんしゃ》は累計《るいけい》百万人以上であることがはっきりしていて、売春宿も流行《はや》っています。また、さまざまな歓楽《かんらく》や麻薬《まやく》、その他、犯罪組織や暴力団の根城《ねじろ》になるような、アンダーグラウンドのビジネスが横行していています。そういう犯罪行為《こうい》もさまざまに行われているのです。

これは、どうも、その出家制度があるがゆえに、出家の経験さえしていれば、昔のキリスト教の免罪符《めんざいふ》のように、両親に功徳を積んで孝養《こうよう》を尽《つ》くしたことになるし、自分も天界《てんかい》に行ける保証を得たような気分になることもあるのではないでしょうか。そのように、禁欲させられた反動が正反対のほうに出る気《け》があるようにも見えます。

これが一つです。

異性を罪悪視すると同性愛者が増える傾向《けいこう》がある

もう一点としては、「異性を罪悪視する考え方」をとると、同性愛者が増える傾向《けいこう》があるのです。要するに、異性を罪悪視すれば、「同性だったら罪にならない」ということで、同性愛が流行ってくるわけです。

これについては、何と表現すればよいか分かりませんが、伝統的な仏教の流れのなかでも出てきています。お寺の坊さんが独身でいたとしても、いわゆる「稚《ち》児《ご》さん遊び」のようなものが流行《はや》っていた時期も、けっこうあります。これが本当によかったのかどうかといえば、やはり問題があるのではないでしょうか。

仏陀がつくった戒律のなかには、「異性に対する戒め」も入っていますが、なかには、「獣姦《じゅうかん》」、つまり、動物を犯すことを禁じた戒律まで入っていますから、「そういうことをした仏弟子《ぶつでし》がいた」ということでしょう。

「人間では悪《あく》、罪になるから、動物ならいいだろう」という者がいたために、そういう戒律まで遺《のこ》さなければいけなかったのは、実に悲しいことではあろうと思います。ニワトリ等の畜生《ちくしょう》とセックスしてはいけないといった戒律まであるのです。鶏姦《けいかん》など、普通《ふつう》はとてもできないでしょう。やや恥《は》ずかしいことですが、戒律には、そんなものまで入っています。

レイプされた比丘尼《びくに》に対する釈尊《しゃくそん》の救済措置《そち》

また、歴史的に、仏陀の性戒《せいかい》、婬戒《いんかい》の判定の仕方については、人によって結果を変えているものも遺《のこ》っています。

例えば、元は夫婦《ふうふ》だった者が出家して僧になった場合、比丘《びく》教団、比丘尼《びくに》教団に分かれて、それぞれ別に修行をしていたのに、「たまたま山林のなかで密会していた」というようなことがありました。そして、やはり元夫婦であったので、行為に及《およ》んでしまったというような者がおり、破戒行為として処罰《しょばつ》されている場合もあります。

このように、「元夫婦であっても、会うことは悪いことだ」というような判例もあるのです。

それから、女性の仏弟子のなかに、蓮華色比丘尼《れんげしき》という人がいましたが、たいへんな美人として有名でした。

しかし、あるとき、蓮華色比丘尼が外での修行から帰ってきたところ、自分の宿坊《しゅくぼう》に男が潜《ひそ》んでいて、今で言うレイプに遭《あ》ってしまったのです。

このように有力な仏弟子がレイプされた場合、「婬戒を犯したことで、教団を永久追放になるかどうか」という問題について、どう判断するかですが、釈尊《しゃくそん》としては彼女を助けたかったのだろうと思います。はっきり言えば、結論が先にあったのではないでしょうか。

そのとき、「あなたは快感を感じたかどうか」という質問に、「感じませんでした」と、蓮華色比丘尼は答えていますけれども、それはそうでしょう。レイプをされたときに快感を感じるかどうかはよく分からないのですが、普通は感じるものではないと思います。

結局、釈尊は、「快感を感じなかったのであれば、汝《なんじ》は罪を犯したことにはならない」という解釈によって、その比丘尼を救済しています。このように、弟子によっては救済したりするようなこともあり、人によって結論は変わっているのです。

このようなことは、会社などでもあるかもしれません。有力社員かそうでないかによって、追及《ついきゅう》の度合いを手加減するかどうかを決める場合もあることと似たようなところがあるかもしれませんが、そういう現実的な判断は、多少働いていたことは事実でしょう。そういうことがあるのです。

6　「小乗《しょうじょう》」対「大乗《だいじょう》」の戦いと結婚《けっこん》観の変遷《へんせん》

戒律《かいりつ》を破って「肉食妻帯《にくじきさいたい》」に踏《ふ》み切った親鸞《しんらん》

タイ仏教からは、「日本仏教は仏教に非《あら》ず」であり、「僧侶《そうりょ》は全部堕落《だらく》している」と見えることを述べました。

タイ仏教から見れば、親鸞《しんらん》などは、もう、地獄《じごく》の悪魔《あくま》以外にありえないように見えると思われます。ただ、残念ながら、浄土真宗《じょうどしんしゅう》がタイで布教《ふきょう》できているのかどうかを調べていないので、十分には知りませんが、困難であることは間違《まちが》いないでしょう。

　親鸞が、出家《しゅっけ》の身であり、比叡山《ひえいざん》で修行《しゅぎょう》をしていた身でありながら、下山《げざん》後、戒律《かいりつ》を破って妻帯《さいたい》するわけです。

　浄土真宗がつくったアニメーションを観《み》ると、女性と結婚《けっこん》することについて、「釈迦《しゃか》が出家するときの決断」のように、女性と一緒《いっしょ》になることが悟《さと》りであるかのような描き方をしていたので、「正反対で、ずいぶん大変だな」と思いました。

　親鸞は、非僧非俗《ひそうひぞく》、あるいは、半俗《はんぞく》の僧侶として生きたわけですが、もちろん、親鸞以前の僧侶のなかにも結婚した者はいましたし、インドのバラモン

親鸞
（1173 ～ 1262）
浄土真宗の宗祖。法然の弟子で、絶対他力の思想を強調。主著『教行信証』。

法然
（1133 ～ 1212）
日本浄土宗の宗祖。念仏による他力の救いを説く。主著『選択本願念仏集』。

ではない自由修行者たちのなかにも、そういう者はいたと思われます。平安時代にも、在家《ざいけ》じみた僧侶のなかには、肉食妻帯《にくじきさいたい》していた者も出てはいました。もちろん、尊敬されてはいなかったでしょうが。

法然《ほうねん》も、戒律を破った僧侶として流刑《るけい》に遭《あ》っています。法然自身は、女性に対する説法《せっぽう》もしていて、男女平等に扱《あつか》っていましたし、妻帯をしていたわけでもありません。

帝《みかど》が神社参詣《じんじゃさんけい》で不在の隙《すき》に、その帝の女御《にょうご》たち、宮廷《きゅうてい》に仕える女性たちが法然の説法を聞き、さらに、その弟子《でし》のところへ行って出家してしまったことに、帝が激怒《げきど》して、法然や親鸞も流罪《るざい》になったのです。ただ、法然は病気をしたため、途中《とちゅう》の地で留めおかれています。

これは、「松虫《まつむし》・鈴虫《すずむし》事件」とも言われますけれども、「帝の寵愛《ちょうあい》を受けた女御たちが、帝の留守《るす》の間に坊《ぼう》さんのところへ行って話を聞いていたのはけしからん」というわけです。英語で言えば、「アフェアーズ」（情事）でしょうか。帝にしてみれば、〝真昼の情事〟をやっていたことが許せないわけです。

このときに、親鸞も新潟《にいがた》のほうに流されていますが、そこでまた結婚したりしています。

かつて、親鸞が自分の罪に苦しんでいたときに、救世観音《くせかんのん》が夢のなかに出てきて、「私が女《にょう》房《ぼう》になって、あなたは女犯《にょぼん》の罪を犯《おか》されることになるけれども、私は観音だから問題ないのだ」と告げられたことがありました。この話は、『黄金の法』（幸福の科学出版刊）のなかにも書

松虫・鈴虫事件　後鳥羽上皇の寵愛を受けた女官の松虫姫と鈴虫姫が、無断で出家してしまったことに上皇が激怒。二人の剃髪に立ち会った法然の弟子、住蓮房と安楽房は死罪となり、法然や親鸞も流罪となった。（絵：安楽上人鈴虫姫剃髪図／鹿ヶ谷安楽寺蔵）

いてあります。

そういうことがあって、のちに親鸞は公然と妻帯していますが、もちろん、これに対する非難は囂々《ごうごう》とあったわけです。ただ、老後は、娘《むすめ》が面倒《めんどう》をみたりしていたようではありますので、家族があることはよかったのかもしれません。

いずれにせよ、親鸞が妻帯したことによって、念仏《ねんぶつ》の〝南無阿弥陀仏《なむあみだぶつ》〟に対して〝南無妙法蓮華経《なむみょうほうれんげきょう》〟などと競争していた他の宗派にもそれが伝播《でんぱ》し、別に許可が出ていないにもかかわらず、みな妻帯をし始めたのです。流行《はや》りは一緒ですから、バーッと広がってしまったわけです。

救世観音　世の苦しみを救う観世音菩薩。法隆寺夢殿の観音像が有名。聖徳太子は救世観音の化身と伝わっている。

禅宗《ぜんしゅう》の天龍寺《てんりゅうじ》などへ行っても、お坊さんがみな妻帯していることには、「ほんまかいな?」と、何となく不思議な感じがしないわけでもないのですが、彼らは「職業」としてやっているようではありません。拝観《はいかん》時間がありますから、その時間に勤務すればよいのかもしれませんが、みな、妻帯しておられます。そういうことで、「職業」として成り立っているのです。

これは、税務署が、僧侶に払《はら》う給料から所得税を取っていることと、軌《き》を一《いつ》にしていて、正しいのかもしれませんけれども。

そのように、他の宗派も結婚するようにはなっています。

キリスト教の聖職者と結婚《けっこん》問題

それから、キリスト教ではどうでしょうか。

プロテスタントのほうは、最初、教会がなく、家庭で『聖書』を読んで勉強するあたりから始まっていますが、やはり聖職者が必要になってきて、牧師さんができています。

ただ、「教会を男一人で守る」というのは十分ではない面があり、ランニングコストというか、運転経費を下げるために、結婚《けっこん》して、奥《おく》さんと子供とともに教会を守るかたちになっているのです。したがって、プロテスタントでは結婚しても構わないことになっているわけです。

一方、伝統的なローマン・カトリックのほうでは、「聖職者は結婚できない」ということになっていますが、このへんが本当かどうかについては、何とも言えません。今、さまざまなスキャンダルがバチカンを襲《おそ》い、大揺《おおゆ》れに揺れているのを見れば、「やはり、そうは言っても、いろいろとあるのではないですか」というようなものもあるでしょう。

あるいは、「稚児《ちご》さん遊び」ではありませんが、「男の小僧《こぞう》さんが代わりをしているのではないですか」というような疑惑《ぎわく》等が繰《く》り返し出てきています。仏教で起きたことならば、キリスト教にも起きるのは当然でしょうから、結婚を禁じたとしても、今度はそういうことが起きるわけです。

それから、歴史的には、男性の修道院《しゅうどういん》も女性の修道院もありますけれども、結婚できないことになっているのに、「敷地《しきち》を発掘《はっくつ》してみると、修道院近くの溝《みぞ》の下から、子供の骸骨《がいこつ》がたくさん出てきた」などという話もあります。これは、尼《あま》さんが堕胎《だたい》したことを意味しているのでしょう。このように、「そうは言っても堕胎をしていた」という話は出てきます。

また、カトリックでは、「堕胎はできない」「罪だ」ということになっていたわけですが、カトリック国では、なぜか人口が増えません。避妊《ひにん》もいけないことになっているのに、人口は増えないので、教えは教えとして、一般《いっぱん》のほうでは違うことをやっているのだと思われます。おそらく、表向きで言っていることと、民間レベルで行っていることは違うと思われます。

戒律《かいりつ》に縛《しば》られて「再誕《さいたん》の仏陀《ぶっだ》」を受け入れられないタイ仏教

このように、タイでは、僧侶に対し、厳格さを要求されています。そういう意味では、幸福の科学のようなものでは、職員団は〝出家〟と言っても、「僧侶」や「尼」には相当しないことになるでしょう。

私もタイに行こうかと思いましたが、すごいバリアがけっこうあって、〝邪魔《じゃま》〟が来るのです。機会があれば、〝邪魔〟の本体を調べてもよいとは思います。ウガンダの「ンダガヤ」(二〇一二年六月十三日法話《ほうわ》「ウガンダ霊界《れいかい》事情――ウガンダの神とは誰《だれ》か――」で呼び出されたアフリカの神)のような〝何か〟がいるのではないでしょうか。何か邪魔しているものがいると思います。

したがって、「仏陀《ぶっだ》は再誕《さいたん》しない」というタブーだけの問題ではなく、「結婚している『再誕の仏陀』はおかしい」ということもあるでしょう。彼らからすると、奥さんがついてくることもおかしければ、女性の秘書がついてくるのもおかしく、これも、「僧侶ではない」ということになってしまうのでしょう。

このへんが「大乗《だいじょう》」対「小乗《しょうじょう》」の戦いの部分であり、非常に難しい面があると思います。

幸福の科学では、「心の教え」を中心に説いているので、この世においても、「一切《いっさい》は苦《く》」という、最初の「三法印《さんぼういん》」に言うところの教えを、厳格にそのまま奉《ほう》じているわけではありません。

宗教は、さまざまな時代に、さまざまな説かれ方をされていますから、「現代には現代の説き方がある」と考えています。すなわち、「この世で幸福に生きることが、来世《らいせ》でも幸福に生きられる」というところについて、どういうルールならそのようにいけるかを追究しているわけです。

「八百屋《やおや》お七《しち》」伝説の影響《えいきょう》で出産が激減した「丙午《ひのえうま》」年生まれ

結局、この世において結婚を否定していったところは、民族が滅《ほろ》びていきます。国がなくなり、消滅《しょうめつ》していくかたちになるのです。

例えば、戦争期には赤ちゃんがよく生まれますが、特に、男の赤ちゃんがよく生まれる傾向《けいこう》が出ています。これは、ある意味で、〝戦士〟を増やそうとする動きが出てくるのでしょう。

それは、日本においてもそうでしたし、昔から、「産児調整」のようなものはあったようです。

私の子供のころ、女性にとっては六十年に一回の厄年《やくどし》のようなものがありました。その年は、江戸《えど》時代、江戸に大火を起こした「八百屋お七《やおやしち》」の干支《えと》が六十年に一回、回ってくる年に当たり、私の生まれた町でも、子供の数が極端《きょくたん》に少なかったのです。

はっきり言えば、男子が二倍もいて、女子が半分以下だったのはその年しかなく、ほかの年はだいたい男女比率が一対一だったわけです。その時代に「男女の産み分け」のようなこと……、例えば、エコー診断《しんだん》でも行い、男か女かを見て、大きくなる前に堕胎ができたのかどうかは、私には判断がつきかねます。

ただ、現実問題として、六十年に一回の女の厄年があったときには、迷信《めいしん》深い田舎《いなか》であったからでしょうけれども、女子の人数が半分しかいない年が一年だけありました。それは、「八百屋お七」という、江戸の大火を起こした人が生まれた年の干支に当たる年代であるために、〝間引《まび》かれた〟と推定されます。

郵便はがき

料金受取人払郵便

赤坂局承認

6467

差出有効期間
平成28年5月
5日まで
(切手不要)

107-8790

112

東京都港区赤坂2丁目10－14
幸福の科学出版(株)
愛読者アンケート係 行

フリガナ お名前	男・女	歳
ご住所 〒 都道府県		
お電話 (　　) ―		
e-mail アドレス		
ご職業 ①会社員 ②会社役員 ③経営者 ④公務員 ⑤教員・研究者 ⑥自営業 ⑦主婦 ⑧学生 ⑨パート・アルバイト ⑩他 (　　)		

ご記入いただきました個人情報については、同意なく他の目的で使用することはございません。ご協力ありがとうございました。

愛読者プレゼント☆アンケート

『比較宗教学から観た「幸福の科学」学・入門』のご購読ありがとうございました。今後の参考とさせていただきますので、下記の質問にお答えください。抽選で幸福の科学出版の書籍・雑誌をプレゼント致します。(発表は発送をもってかえさせていただきます)

1 本書をお読みになったご感想
(なお、ご感想を匿名にて広告等に掲載させていただくことがございます)

2 本書をお求めの理由は何ですか。
①書名にひかれて　②表紙デザインが気に入った　③内容に興味を持った

3 本書をどのようにお知りになりましたか。
①新聞広告を見て [新聞名:　]
②書店で見て　③人に勧められて　④月刊「ザ・リバティ」
⑤月刊「アー・ユー・ハッピー?」　⑥幸福の科学の小冊子
⑦ラジオ番組「天使のモーニングコール」　⑧幸福の科学出版のホームページ
⑨その他 (　)

4 本書をどちらで購入されましたか。
①書店　②インターネット (サイト名　)
③その他 (　)

5 今後、弊社発行のメールマガジンをお送りしてもよろしいですか。
はい (e-mailアドレス　) ・ いいえ

6 今後、読者モニターとして、お電話等でご意見をお伺いしてもよろしいですか。(謝礼として、図書カード等をお送り致します)
はい ・ いいえ

弊社より新刊情報、DMを送らせていただきます。新刊情報、DMを希望されない方は右記にチェックをお願いします。　□DMを希望しない

今のように、エコー診断で男女の性別が分かるような機械が十分に発達していなかった時代だと思われるので、もし、間引いたとすれば、女の赤ちゃんだった場合に、産婆《さんば》さんなどが、黙《だま》って、コンニャクか何かを鼻の上に置いたり詰《つ》め込《こ》んだりしたか、あるいは、お乳《ちち》を与《あた》えずに一日放っておけば死にますから、そのまま放っておいたか、何らかの人工的な処理をして、人口調整がなされていた可能性もあるかもしれません。

それは、江戸時代の「間引きの伝統」も関係があるかもしれません。その時代、食糧難《しょくりょうなん》、飢饉《ききん》等があったときには、〝間引き〟されて殺されていたことがあり、人口が三千万人からずっと増えない状態が三百年続いていましたので、そういう伝統があったのかもしれません。

「教団の発展」と「夫婦《ふうふ》関係」のどちらを優先すべきか

少々脱線《だっせん》しながら話をしていますが、基本的には、私が幸福の科学の教えを説き始めた段階においては、日本神道《しんとう》系の神様の一部が言っていたこともあったとは思うのですが、「女性は補助者であり、一家の主たる責任は男性にある。男性が一家の大黒柱《だいこくばしら》であり、経済的責任を負うべきだ」といったことを説いていました。

また、キリスト教ではありませんが、「夫婦《ふうふ》は〝赤い糸〟で結ばれており、天《てん》上界《じょうかい》で結婚の約束をして地上に生まれてきているので、別れるべきではない」というようなことも説いていました。

しかし、その後、三十年近くたつなかで、二つの〝事件〟が起きたのです。

一つは、私自身としても、「夫婦は、縁生《えんしょう》によってできるものであり、基本的には、離婚《りこん》は悪だ」と思っていた部分があったのですが、その私も、「運命のいたずら」か、あるいは、「必然」であったか、離婚しなければいけないことがありました。

これについては、結局、夫婦二人でできるようなお店ないし会社ぐらいの、小さなものだけでやっていけるものならば、それでもよかったのでしょうが、大きな規模での事業になってくると、そうはいかなくなってきたことがあるわけです。

妻のことを、男女平等で「イコールパートナーである」とすること自体は構わないのですが、仕事という意味においては、完全にイコールパートナーというかたちではできません。これは、会社が発展していく場合に必ず起きる現象なのです。

最初のころは、奥さんや兄弟など、家族が手伝うことで会社が起きてくることも多いでしょうが、零細企業《れいさいきぎょう》から中小企業、大企業になっていく途中で、能力のある者は残るけれども、能力のない者は家族でも剥《は》がれて落ちていきます。そのときに騒動《そうどう》が起きるわけです。

他人様との間の騒動が起きたとき、それを乗り越《こ》えられない場合には大きくならずに小さいままで止まり、乗り越えた場合には大きくなっていくこともあるでしょう。

最初、社員数が百人ぐらいまでは、だいたい、奥さんが経理部長をしている場合が多いのですが、それを超《こ》えるとできなくなり、他人が入ってきて、お金を管理するようになります。他人が通帳と印鑑《いんかん》を管理するようになるあたりから、大企業化の道へと

会社の発展段階にあわせて発生する諸問題と、その乗り越え方について、実践的に述べた経営書。創業期の「家族経営」的な形態から「組織経営」へとイノベーションを図る必要性が説かれており、その過程で人材の入れ替えが起きることを指摘している。（幸福の科学出版）

進んでいく一方、その途中で奥さんは仕事ができなくなってくる面があるのです。実は、当会でも、それと同じようなことが起きてきたわけです。要するに、「『夫婦平等で、結婚制度を厳密に守る』ということが、すべての活動に優先するかどうか」というテーマが出てきてしまったのです。

数千人の人生を背負う教団指導者としての責任

それぞれ、一部に真理があることは事実でしょう。私などは、いわゆる法学部を出ているせいもあるかもしれませんが、やはり「比較衡量《ひかくこうりょう》」といいますか、「物事の大小を比較しなければいけない」と考えているわけです。

裁判においては原告と被告《ひこく》に分かれて審理《しんり》をしますが、普通《ふつう》は、「片方が完全に百パーセント正しく、片方が完全に間違っている」ということはなく、両者とも、ある程度の言い分があるのではないでしょうか。

それを比較した上で、「言い分に、より合理性があり、この世的に認められるべきだ」というほうが勝利することになっているわけです。それは、民事的に見れば、「金銭《きんせん》的解決」ということになります。

そういう「比較衡量」の考え自体は、私にもあります。

確かに、「夫婦が円満に続く」ということは、非常によいことであろうし、一般的にはそれが勧《すす》められることではあるでしょう。

ただ、例えば、一定規模以上の使命を持ってこの教団を広げることになったならば、会社とは違うものの、やはり、大きな組織の運営に働く原理と同じようなものが働いてくる面は、どうしてもあります。

そうすると、「『教祖の奥さん』という権利でもって、いろいろなものに対する指揮・命令権が発生する」ということでは、残念ながら通らない部分が出てくるのではないでしょうか。しかし、その「指揮・命令権が通らなければ離婚するぞ」と脅《おど》されたならば、これは、もはや、「教団が瓦解《がかい》するかもしれない」というような危機まで来るわけです。

これに対しては、内外の批判もいろいろとあったかとは思いますが、やはり、物事の「大小」を考えなければいけません。

当会も、すでに、千五百人から二千人近くの出家者を持っていますし、その家族を入れれば、おそらくは、五千人を超える人々が、幸福の科学の仕事を中心に人生計画を立てて生きているものと推定されます。

「五千人以上の家族が仕事を続けていく」ということであれば、「夫婦の間でいさかいが起きることもなく、円満に一生を終えることが最高の幸福だ」という考えもあるかもしれないけれども、指導者になった場合には、それでは通じなくなってくる面があるのではないでしょうか。

これが、いわゆる「公《こう》」と「私《し》」の問題であり、「公器性」の問題でしょう。

そのようなところでの争いがあったわけです。

確かに、そうした離婚については、心ならずも、初期の教えと合わない部分もあったかもしれません。「赤い糸で結ばれている」という教えから見れば、合わない面もあったかもしれませんが、「夫婦はすべての面で同等の権限を持っている」というような考えであれば、できない部分はあるわけです。

やはり、適性や才能、能力の問題がありますので、そのあたりについては、「分《ぶん》を知ることができるかどうか」というところはあったと思うのです。

これは、零細企業から大きくなったところなら、どこでも経験していることでしょう。

このように、私にとって「再婚した」ということは、人生上に起きた一つの変化の起点でありました。

「過去世《かこぜ》が英雄《えいゆう》」の女性が数多くいる幸福の科学

もう一つは、次のようなことです。

時代が変わって、私が教団を始めたころに生まれた人たちが、幸福の科学に出家（入局）してきているわけですが、その人たちに対して「ライフリーディング」「過去世《かこぜ》リーディング」を行ってみると、過去の転生《てんしょう》で英雄《えいゆう》として生まれた方、「男のなかの男」だったような過去世を持った女性が数多く出てきたのです。

これもショックでした。最初に教団の教えをつくっていたころには、予想していなかった事態です。過去世で名のある将軍や英雄豪傑《ごうけつ》たちが、今世《こんぜ》は女性で生まれて、二十代の新入職員として入ってきているわけです。これが一人であれば、「例外」ということでよいのですが、そうした人が次々と出てき始めたので、これには少し困ってしまいました。

そのため、最初のころの教えにあった、「女性は補助者であり、男性が主たる責任を持つべきだ。あくまでも男性を立てて、女性は補助者でいなければいけない」という考えが通らなくなってきたわけです。

女権運動等のなかには、確かに、左翼《さよく》的なフェミニズムなどでやや社会を壊《こわ》すようなものもありますが、「英雄豪傑たちが女性で生まれてきたことに対する答えは何だろうか」と考えますと、「そうした人たちが、『この世で仕事を成し遂《と》げたい』と強く願っているなら、道を開《あ》けてあげる」ということが、一つの考え方であるでしょう。

もちろん、全員に押《お》しつけることはできませんし、全部一律というわけにはいかないかもしれませんが、「彼女たちがそれなりに仕事ができるような道を開かなければいけない」というような考え方を抱《いだ》くに至り、女性たちの幹部登用の道を開いています。

ちなみに、日本の女性幹部社員は、CNNによれば一・四パーセントしかいないそうです。日本は、先進国のなかでビリから二番目の登用率であり、ビリは韓《かん》国《こく》だそうです。日本は韓国に続いて、女性が上級管理職になっていない国であるわけです。

それによって一定の社会的な揺らぎが生じますが、「才能を持って生まれた」ということは、何かの自己実現はあると思うので、やはり「機会がない」ということは、問題があるでしょう。

教会の言うとおりにならない「結婚《けっこん》制度」の現実

次に、「結婚《けっこん》制度の維持《いじ》をどうするのか」という問題が出てきます。これに対しては、文明実験をしながら、智慧《ちえ》を絞《しぼ》っていくしかないと思います。

アメリカを見ましても、夫婦がそれぞれ別の職業を持っていることが多いので、片方が転勤になる場合、「遠隔《えんかく》結婚」ということになり、離婚するケースがすごく多いのです。

遠隔結婚では、一緒にいて、いろいろと手伝ってくれませんし、ワークシェアリングというか、「夫婦で家事のシェアリングをして、半分ずつ引き受けなければいけない」というような制度もかなり多くなっているので、夫婦が分離すれば、その仕事が成り立たなくなります。そのため、「それぞれの地で別の伴侶《はんりょ》を選んで、離婚する」というケースが数多く出てきているわけです。

結婚について、教会では、「神が決められたものを、人間が分けてはならない。死が二人を分かつまでは、永遠に一緒でなければいけない」とよく言われるのですが、現実はそうならないことが多くなっています。

また、離婚訴訟《そしょう》が起きて、養育料の送金等がかさんでいる人もいます。だいたい、二回ぐらい離婚・再婚をして、それぞれ連れ子がたくさんいるケースが多いので、家族がとても複雑になっているわけです。離婚を二回ぐらい経験していると、だんだん生活が困窮《こんきゅう》して難しくなっています。

夫婦についての契約《けいやく》思想が非常に強いため、「契約を破ることになるから離婚できない」ということではあるのでしょうが、この厳格さに対しては、私も一定の疑問がないわけではありません。

結婚《けっこん》前は自由で、結婚後は排他性《はいたせい》が強い「プロテスタント」

プロテスタントのほうでは、結婚《けっこん》前に関しては、パートナーを自由に選んで付き合っていますし、だいたい十八歳《さい》になったら、家から出すようにしています。

彼らを家に置いておくと、自分のパートナーというか、ステディ（恋人《こいびと》）になった女性あるいは男性を家のなかに連れ込んできて、いろいろと問題を起こすので、十八歳ぐらいまでに家から出してしまうわけです。

あるいは、ドミトリー（寮《りょう》）で寮生活をさせたりすることで家から出すケースが多いのです。イギリスのように、小学校から寮に入れてしまっているようなところもあります。

このように、独身時代はけっこう自由にいろいろと付き合ったり、離《はな》れたりしていますが、いったん「結婚」という契約をすると、排他性《はいたせい》が非常に強くなるわけです。何らかの浮気《うわき》と思われること、例えば、「『夕食を抜《ぬ》きにして仕事をしていた』と称《しょう》して、女性と会っていた」などということが発覚すると、たちまち離婚騒動が起きたりするわけです。

このへんの考え方については、「何か問題があるのではないか」と思います。

「夫が定年退職し、家にいると離婚《りこん》になる」という日本

日本では、もう少し緩《ゆる》い考え方もあります。

家に帰ってこない父親はけっこういますが、彼らが全員、離婚《りこん》になるわけではありません。そういう時期もあるでしょうが、また、いずれ戻《もど》ってくることもあります。

逆に、〝濡《ぬ》れ落ち葉〟現象（定年退職後の夫を評した比喩《ひゆ》）で、「亭主《ていしゅ》が家でゴロゴロするようになったら離婚になる」というケースも出てきています。夫が会社に行って、家にいないから、仲間と温泉に行ったりして、いろいろと好きなように遊べていたのが、毎日、家にいられたら、食事を三度つくらなければならず、「こんな苦しみには耐《た》えられない」と思い、定年退職すると離婚になるケースも

出てきているのです。

これは、キリスト教圏《けん》の常識とは違うケースでしょう。あちらのほうでは、ベタベタしたりすることで、愛情があることを示さなければいけないのですが、日本ではその逆もあって、なかなか難しいものだと感じます。

厳格な仏教国でありながら「同性婚《どうせいこん》の震源地《しんげんち》」であるタイ

タイに関することで、日本人が昔から批判されていることがあります。「日本人がタイに海外出張すると、異性による接待を受けているのではないか」というような疑惑等で攻撃《こうげき》されていたのです。

タイには、戒律を重んじるような厳格な仏教がある反面、社会においては、その反対の部分がそうとうあります。

それから、「性転換《せいてんかん》」も進んでいますし、「同性婚《どうせいこん》」の震源地《しんげんち》のようなところもあります。今、先進国の十数カ国が同性婚を認めてきていますので、「今後、結婚制度がどうなるのか」ということに微妙《びみょう》に影響《えいきょう》するでしょう。

7　家族観が大きく揺《ゆ》らいでいる現代

魂《たましい》的な問題を考えていない可能性が高い「最高裁の判決」

最近、日本の最高裁では次のような決定がありました。

民法では、「嫡出子《ちゃくしゅつし》、要するに法律的に結婚《けっこん》した夫婦《ふうふ》の間に生まれた子供が受け取る財産」と、「非嫡出子、要するに正統な法律上の結婚をしていない愛人関係ないし、事実婚等の間に生まれた子供が受け取る財産」があり、この相続分について、「嫡出子と非嫡出子の割合が二対一で、非嫡出子は半分しかない」となっていました。これが、「人間平等の原則に反する」ということで、「違憲《いけん》である」という判定が最高裁で出たのです。

そのため、今、国会のほうでは、「法制度をどうするのか」という議論をしているところですが、自民党の保守系議員たちは、「これを認めたら、『結婚して生まれた子供も、結婚しないで生まれた子供も平等だ』ということになり、結婚制度そのものの崩壊《ほうかい》につながるのではないか」と恐《おそ》れて、反対しています（注。本説法《せっぽう》の後、最高裁の決定を受け、二〇一三年十一月十二日に政府が民法改正案を国会に提出。十二月五日に法案が可決、成立し、嫡出子と非嫡出子の相続分が同等になった）。

「最高裁の判決」には、少なくとも二点ほど、考える余地があります。

一つは、「宗教的に見れば、魂《たましい》的な問題について考えていない可能性が高い」ということです。

人間機械論的に、人間を「この世的な存在」としてくってしまった場合、「人間に差別があってよいわけがない。子供として生まれたら平等だ」という考え方が入っている可能性はあるでしょう（注。幸福の科学では、「各人は仏性《ぶっしょう》を持ち、平等ではあるが、霊格《れいかく》や人生の課題、カルマなどは、それぞれ違いがある」という宗教的真理を明らかにしている）。

ＧＨＱが家制度を解体し、「親を養わない制度」ができた

もう一つは、「戦後、占領軍《せんりょう》であるＧＨＱが入って、日本の家制度を解体してきた」ということです。

そのようなかたちで、民法でも長子相続制が崩壊して兄弟が平等となりました。

それ自体は、それほど悪いと思えない面もあるのですが、結局、「親を養わな

い制度」が出来上がってしまったわけです。つまり、子供が裕福《ゆうふく》で、ある程度、仕事的に成功していても、親を養う義務がないのです。昔は、長男に義務があったわけですが、今は、明確にはありません。

また、兄弟が平等であるから、みんなで平等に親を養うというわけではありません。「連帯責任は無責任」という英語の諺《ことわざ》と同じように、「みんなの責任であれば、兄弟の誰《だれ》の責任でもない」ということになり、結局は、国が面倒《めんどう》を見なければいけなくなります。「子育てをした結果、国がさらに税金を出して、親の面倒まで見なければいけない」というかたちになっているのです。

これは、ある意味で不思議な現象ではあります。要するに、「家制度の崩壊」が起きているわけです。

それから、その逆もまたありうると思います。「国が子供の面倒を見ないような制度」というのもありうるでしょう。

五人の子供を孤児院《こじいん》に放り込《こ》んだルソーの影響《えいきょう》

共産主義のほうでは、男性も女性もみな、働けることが理想ですが、「子供は、社会が共同で管理すべきものだ。子供は、国や社会のものであるので、別に育てる」というような思想がもともと入っています。

例えば、ジャン・ジャック・ルソー自身は、共産主義者とまでは言えないかもしれませんが、五人の子供を次々と孤児院《こじいん》に放り込《こ》んでいます。彼が正式な結婚をしていなかったのは事実ですが、ルソーの責められるべき点は、「経済的には余力が十分にあったにもかかわらず、子育てをしないで、孤児院に全員放り込んでいった」ということです。今で言えば、「『赤ちゃんポスト』に入れてしまった」というところでしょう。

●ジャン・ジャック・ルソー〈1712 ～ 1778〉フランスで活躍した啓蒙思想家。人間の平等と国民主権を主張。著作『社会契約論』『エミール』等。

そのため、「教育学部でルソーを教育学の祖のように教えると、みな、〝左側〟に寄っていく」とよく言われるのです。要するに、ルソーには、「子育てをしない」「家族制度を守ろうとしない」というところがあるわけです。そのへんの問題が入っていると思います。

そういう意味で、日本も今、「家族制度を維持《いじ》できるかどうか」という、たいへんな剣《けん》が峰《みね》の状況《じょうきょう》かと思いますし、「同性婚を認めるかどうか」という問題も迫《せま》ってきているでしょう。

それから、クローン問題もあります。『古事記《こじき》』では、「男の神が子供を産むこともできる」ということになっていますが、現実にそれができる時代に入ってきつつあるのです。

私でさえ、子供を〝産める〟時代に入ってきつつあるわけです。自分の細胞《さいぼう》からクローンができる時代が来ているので、「いよいよ、本当に難しい時代が来たな」と思います。

誰《だれ》の子供か分からなくなるため「性のタブー」が説かれた

昔の宗教では、性に対するタブーが必ずあるのですが、それは、「結婚制度がなければ、誰《だれ》の子供か分からない」という理由が大きかったからでしょう。

子供が生まれれば、普通《ふつう》は成人するまでの間の養育義務が生じるため、「自分の子供かどうか」ということは、非常に大きな判断材料です。「自分の子供でないのに、二十年間養育しなければいけない」ということであれば、たまったものではありませんので、社会的安定を守る意味での結婚制度や倫理《りんり》規定は必要でしょう。

したがって、「夫婦以外の異性とは、疑われるような行動をしない」ということとを言う宗教が、少なくとも二千年以上前にそうとうあったことは事実です。

ところが、今の場合は、医学的な発展がかなり続いているので、「性別」や「誰の子か」といったことまではっきり認定ができるようになっています。つまり、ＤＮＡ鑑定《かんてい》等ができるわけです。

その意味で、そうしたことが分からなかった時代とは、価値観的に違いがあるのかもしれません。昔は、誰の子供か分からないので、厳格に守らないといけない部分があったのでしょうが、この部分は、少し変動があると思います。

親子とは何かを問う「赤ちゃんの取り違《ちが》え事件」

最近、「探偵《たんてい》ガリレオ」シリーズの主役の人が演じた「そして父になる」という映画が流行《はや》っていました。

●「そして父になる」　2013年公開の日本映画。息子が６歳になったとき、出生時に子供の取り違えがあったことが判明した家族の物語。主演・福山雅治。

あの映画のテーマは、「赤ちゃんの取り違《ちが》え」です。「赤ちゃんが生まれたとき、病院が雑然としていて、新生児の取り違えが意図的にあった」という内容になっていますが、実際に沖縄《おきなわ》であった事件をモデルにしつつ、違う話にしています。病院では生まれた赤ちゃんを並べて足の裏に名前を書いたりしますが、沖縄の事件のように取り違えることもあるわけです。しかし、映画では、「相手をうらやましく思った看護師が取り替《か》えた」というようなストーリーでした。

「育ての親が、六年間、親として育てていたが、『遺伝子的に違う』ということが分かる。実の子は、別の家庭で育っていたため、交換《こうかん》する」という物語なのですが、交換することはなかなか大変なので、「まず、土日だけ相手の家に泊《と》まる訓練をしてから引き渡《わた》す」というかたちにしたわけです。

現実のモデルになった人のほうは、結局、なじむことができず、大人になっても、もとの育ての親のところに戻《もど》るなど、うまくいかなかった悲劇がいろいろあったそうです。

このように、今、「親子とは何か」という問題が非常に問われています。確かに、実際、子供を育てたら、情が出てくる面もあると思われます。

代理出産でも「生みの親」と「育ての親」とが争うことも

それから、今は、「代理出産」というものもあります。

「実際に自分が産んでいない子供でも、遺伝子的に見れば、精子と卵子は親のもの、あるいは、誰かのものである」ということがあって、産んだ親が別の所にいて代理出産しているわけです。

今、中国では、「小皇帝《しょうこうてい》」と言われている第一子しか産めないので、三千万円以上の費用が出せるような富裕層には、第二子以降をアメリカで代理出産することが流行っていますし、それによってアメリカ市民権を取ろうとしています。

それでも、実際にお腹《なか》を痛めているわけですし、それこそ「十月十日《とつきとおか》」ではありませんが、八カ月以上お腹に宿して産んだ人には、「自分が産んだ」という自覚があります。そのため、「育ての親」でなくても、「生みの親」としての自覚がある場合には、騒動《そうどう》が起きることがあります。「自分が産んだ子だ」と言う人と、「いや、遺伝子的には、私の卵子であることは間違いない」と言う人との争いが、今後とも起きてくるでしょう。

こういう夫婦の問題や親子の問題等が、今後もしばらくは文明実験的に、少なくともワンゼネレーションぐらいは、過渡《かと》的にいろいろな問題が多発するのではないかと思います。

これに対して有効な答えが出せるかどうかについては、私も十分な自信がありません。「死んであの世に還《かえ》った人たちがどうなっていくのか」という分類がはっきりとできれば、結論が出るかもしれませんが、一定の枠《わく》のなかへ入れても、人それぞれ生き方に違いがあると思うので、答えが分からないのです。

つまり、「夫婦の心情がどうであったか」「親子の心情がどうであったか」ということがありますし、あるいは、「職業上の問題としてどうだったか」ということがあるわけです。

8　タイ仏教の問題点

王家を維持《いじ》するために必要な「複数婚《こん》」

　タイでは、上座部《じょうざぶ》仏教（小乗《しょうじょう》仏教の別名）が信仰《しんこう》されていますので、僧侶《そうりょ》は結《けっ》婚《こん》ができないし、異性に触《ふ》れてもいけないし、金銭《きんせん》を手で持ってもいけません。

例えば、コカ・コーラを買う場合でも、自動販売機《はんばいき》に小銭《こぜに》を入れているところを誰《だれ》かに見つかったら、非常に恥《は》ずかしい思いをするため、小僧《こぞう》さんを連れて街を歩いていきます。そういう汚《けが》れたことというか、金品の扱《あつか》いや女性との交渉《こうしょう》ごとをさせる小僧さんを連れていないと、街のなかを歩けないような状態になってい るわけです。これは、現実にかなりの問題があるでしょう。

それでは、伝統的な仏教に帰依《きえ》してきた王家の王様の場合は、どうでしょうか。以前、「アンナと王様」という映画がありましたが、それを見たら、「王様は出家修行《しゅっけしゅぎょう》をしていた期間が長いため、その反動で妻二十三人、子供六十数人にな ってしまった」ということでした。実際に見たらびっくりするぐらいの人数です。このように、学校ができるぐらいの子供がいるため、イギリス人家庭教師のア ンナという人が呼ばれるわけです。アンナ役をジョディ・フォスターが演じてい ましたが、「この六十数人もいる子供を教えるのか」と言っていました。大変な ことですが、そんなことをやっていました。

確かに「王家を維持《いじ》する」という理由からすれば、「複数婚」を認めていない と、王家が途絶《とだ》える可能性はあるのです。

●「アンナと王様」　1999年公開のアメリカ映画。19世紀、シャム（タイ）の王家で家庭教師を務めたイギリス人女性の物語。

日本の天皇家も長らく複数婚を認めていました。これは、日本の民法の例外なのです。

しかし、昭和天皇が欧米《おうべい》に倣《なら》って、「複数婚は恥ずかしい」と感じて一夫一婦制を始めた結果、平成の世になってお世継《よつ》ぎ問題がそうとう出てきているわけです。昔の将軍家もそうでしたし、天皇家もそうですが、血統でつなぐ場合には、複数婚制度というものがなければ、必ず途絶えることになるのです。

「アンナと王様」のように、子供が六十数人もいるところでも、謀反《むほん》やクーデターが起き、ビルマ（ミャンマー）のほうからイギリス軍と組んで攻めてくる者との戦いがあれば、一網打尽《いちもうだじん》で丸ごと殺される可能性があります。そのような危機が訪《おとず》れるシーンも描かれていましたが、六十数人も後継ぎを用意していても、全員殺される可能性があるわけです。戦争であれば、そういうこともあります。「王族を守る」ということは、そう簡単ではないわけです。

したがって、仏教では、伝統的に王族や貴族階級に関して厳格なことを言っていません。それは、そういう趣旨《しゅし》があったからだと思います。

「平等」の考えにより、日本の皇室に危機が迫《せま》っている

その趣旨からすれば、日本神道《しんとう》も同じです。そうした複数婚が可能でなければ、皇室は現代まで続いていないだろうと推定される面があります。

ただ、「平等」の考えからすると、皇室は今、財産から何から丸裸《まるはだか》にされて、週刊誌に叩《たた》かれている状態です。

以前、今の皇后陛下の実家が、幸福の科学総合本部の近所にありましたが、正《しょう》田《だ》家が相続税を払《はら》えないため、実家を売らなければいけなくなりました。今、そこは公園になっていますが、「あそこまでしてよかったのか」と、それを見るた

びに思います。「ねむの木の庭」という公園になっていますが、あのようなものは、要《い》らなかったのではないでしょうか。「畏《おそ》れ多くて、皇后陛下の家のあとにマンションを建てるわけにはいかない」という気持ちから公園になっているわけです。

やはり、平等性から見たら嫉妬《しっと》が出るために、そうなったのだろうと思いますが、「何かほかの方法はなかったのか」という気はします。皇室についても、宗教性を剥《は》ぎ取って、一般《いっぱん》と同じ扱いをしている面があり、伝統を維持できるかどうかの危機が迫《せま》っているような感じはしています。

古い流儀《りゅうぎ》をあくまでも守り続けるべきか

タイの小乗仏教の問題について述べてきましたが、それを一種の伝統文化として考えれば、可能性として、出家者が自分たちの流儀《りゅうぎ》を守ること自体はよいと思います。

例えば、歌舞伎《かぶき》の女形《おんながた》はずっと男がやっていました。女性が舞台に上がって演じることが、わいせつかどうかは知りませんが、禁じられているため、男が女形《おやま》をやっていたのです。

こういう伝統はありますが、今では歌舞伎などの伝統芸能にも女性が出ていますし、あるいは、ミュージカルと能《のう》との交流というか、両方に出演するような人も出てきています。このあたりも非常に揺《ゆ》らいでいる部分があるでしょう。

これまでつくってきた制度的なもののなかで、守っていることに価値があるものは守ってもよいと思いますが、それが害悪というか、人権侵害《しんがい》や社会への被害《ひがい》が大きくなりすぎるようであれば、やはり考え方を変えてもよいのではないでしょうか。

「随犯随制《ずいぼんずいせい》」という柔《やわ》らかい考え方をしていた仏陀《ぶっだ》

仏陀《ぶっだ》の基本的な考え方は、「随犯随制《ずいぼんずいせい》」であり、「何か問題が起きたら、その都度《つど》、戒律《かいりつ》を定める」という考えでした。仏陀は戒律をたくさんつくりましたが、「小々戒《しょうしょうかい》（細かい戒律）は捨ててもよい」ということを、アーナンダ（阿難《あなん》）に遺言《ゆいごん》して亡《な》くなっています。

ところが、亡くなった場に同席していなかった幹部弟子《でし》が、そういうことを許さず、アーナンダ自身を「悟《さと》っていない」「阿羅漢《あらかん》になっていない」と言ったわけです。

アーナンダは、仏典《ぶってん》の結集《けつじゅう》のとき、お経《きょう》を誦出《じゅしゅつ》したのですが、五百人の阿羅漢のなかで最後に悟ったような扱いをされているので、責任を取らされているようなかたちになっています。

仏陀の考え方からすれば、もう少し柔《やわ》らかい考え方であったのではないかと思います。

仏教では、基本的に金銭に対しても厳しい面があります。

確かに、「山のなかで金貨を見つけたら、『これは毒蛇《どくへび》だ』と仏陀が言った」ということも遺《のこ》っています。「金貨に触《さわ》ると堕落《だらく》する。誘惑《ゆうわく》に負ける」ということで、見過ごして通り過ぎていく話が出てくるのです。

しかし、ナーランダ学院に僧が一万人もいたときには、在家《ざいけ》から受け取った穀物の種などを小作農に貸し付けて、利子を取るようなことをしています。そういう金融《きんゆう》業まがいのことをやって財政を固めていた時代もありますので、やはり時代によって変遷《へんせん》があるのではないかと思います。

●ナーランダ学院　5世紀ごろ、インド北部につくられた仏教の大学。9階建ての建物に1万人の僧侶が学んだとされる。

社会的に有害になる考え方や習俗《しゅうぞく》へのあり方

仏教は今、タイの伝統文化と一体化しているので、これを壊《こわ》してしまうところまでやってよいのかどうかは、私には分かりません。そのため、今のところ、静観しています。

二〇一五年にASEAN《アセアン》（東南アジア諸国連合）が統合されて、EU（欧州連合）のように経済圏《けん》が一つになり、政治圏も一つになり、文化圏的にももっと密接になってくる過程のなかで、タイが先進国としてリーダー的な役割を果たしていくのであれば、やめなければいけないものが出てくる可能性は高いと思っています。

例えば、EUに入るために、トルコが行っていることがあります。トルコには、

「チャドル」といって、目だけが出ているような伝統的な黒い衣装《いしょう》があって、それを女性全員に着せています。しかし、そういうチャドルやスカーフなどをかなり自由化して、女性が素顔《すがお》を出せるようにしているのです。

そうしたことは、他国から差別されますので、EUに入るために必要な部分であったと思います。

以前、私はアフリカへ行く途中でドバイに寄ったことがありましたが、ドバイのホテルのプールに行ったら、〝黒装束《くろしょうぞく》〟の水着がありました。チャドルとほとんど同じようなものがあって、それを着て泳いでいるのです。

何とも言えない気分の悪さがありました。〝黒装束〟で泳いでこられると、忍《にん》者《じゃ》が水のなかへ潜《もぐ》ってやってくるような感じなので、「ちょっといいかげんにしたらどうかな」と思う面がありました。

私の基本的な考え方は、「伝統的なもので重要な機能を果たしているものは守ってもよい」ということですが、「社会的に有害になってきて、民意として変えてもよい」というような考えが出てきたものについては、考え方を変えたり、習《しゅう》俗《ぞく》を変えたりしても構わないのではないかと思います。

宗教は「根源的な教え」の部分を押《お》さえていくべき

それから、現代では、戒律的なものについて、国会や地方自治体の議会等で審《しん》議《ぎ》しています。そのときどきの事件や犯罪、世論《せろん》の動きによって、いろいろな法律や条例が制定されていますので、ある程度は、そちらに委《ゆだ》ねるべきものは委ね、宗教は、根源的な教えに近い部分を押《お》さえていくべきです。

戒律的なものについては、国や地方自治体によっても違《ちが》いがあります。

例えば、「タバコのポイ捨てをしたら、どのくらいの罪に当たるのか」ということを宗教的に決めると大変なことになるわけです。路上で唾《つば》を吐《は》いたら、罰金《ばっきん》がかかるところもありますし、タバコのポイ捨てをしたら、罰金がかかるところもありますが、このへんについても考え方はいろいろあるでしょう。

そうした小々戒《しょうしょうかい》に当たるようなものや、国にとって政治的な変化があって、つくらなければいけない法律の問題等については、この世の人々で、ある程度、議論をして決めていけばよろしいかと思います。

天上界《てんじょうかい》から重要な意見がある場合は、それを参考にしてもよいと思いますが、基本的には、人間の本質を教えていくことが大事です。「天上界にきちんと還《かえ》れるような正しい生き方をするためには、どうするのか」というところに基本的な教義はあるべきです。

一方、戒律的なものについては、法律やいろいろな習俗の変化、あるいは流行《りゅうこう》の変化等によって、大部分は変動することがありうるわけです。アメリカ化する場合もあれば、中国化する場合や韓国《かんこく》文化が入ってくる場合もありますが、いろいろな経験をしながら適正なところに落ち着いていくべきかと思います。

タイには「未来型」に変えていくかどうかの判断が必要

今、タイでは、「性のタブー」と「結婚・出家制度」とが非常に密接に結びついていて、不自由をしながらも、それを守っている状況《じょうきょう》です。そのため、当会の伝道でもかなり苦戦をしていると思います。広がってはいますが、苦戦をしています。

タイで翻訳《ほんやく》されている当会の本は、基本的には成功論など、そういう傾向《けいこう》の本や、易しい本が多く、現時点で仏教系に関するものは翻訳されていません。それが出版されれば、やはりぶつかりが起きるだろうと推定します。

現在、幸福の科学の存在が、ある程度、世界的にも認められ、ASEANの周りの国にも認められています。さらに、タイのほうも先進国入りをしましたし、日本からの投資が六十数パーセントもあるぐらいです。日本の企業《きぎょう》は七千社以上も入っている状態なので、日本文化がドッと入ってきて、それに倣《なら》うようになってきます。あるいは、日本に留学したり、仕事で出張や駐在《ちゅうざい》したりする人が増えてくれば、当会の教えがその

大川隆法著作シリーズ　タイ語訳書籍（一部）

『常勝思考』

『不動心』

『永遠の法』

『太陽の法』

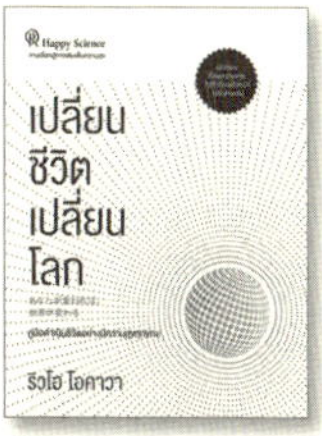

『Change Your Life, Change the World』

『人を愛し、人を生かし、人を許せ。』

『Think Big!』

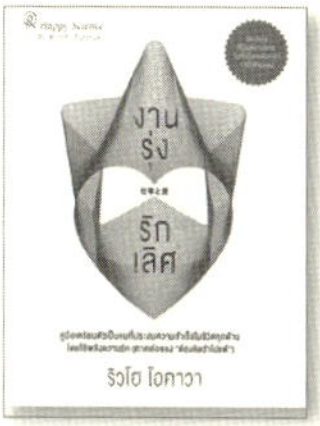

『仕事と愛』

まま入る可能性は高いでしょう。

このあたりについては、タイ人の自主的な判断が、ある程度、必要かと思っています。伝統的なものを捨てて、未来型に変えていくかどうかの判断は、彼らにかかっている面がだいぶあるでしょう。

それまで時間を稼《かせ》ぎながら、やるべきことをやって、ジワジワと少しずつ文化的に影響《えいきょう》を与《あた》えていくほうがよいのではないでしょうか。今の結論としては、そのように考えています。

タイは、けっこう頑強《がんきょう》で頑固です。「これを一気に破壊《はかい》してしまってよいかどうか」については、私も問題を感じるので、少しずつ文化的変容をさせていかないといけないと思います。つまり、「別の意味での戦略性が要るのではないか」というのが、現時点の考えです。

9 「戒律《かいりつ》」を現代にどう考えるか

宗教は「時代による変遷《へんせん》」を受け入れるべき

今日は、イスラム教や古代ユダヤ教等についての言及《げんきゅう》が十分にできなかったため、「比較《ひかく》宗教学から観《み》た『幸福の科学』学・入門——性のタブーと結婚《けっこん》・出家《しゅっけ》制度——」というテーマとしては十分でなかった面もあるでしょう。

また、「古代ギリシャのゼウスの宗教」や「エジプトの宗教」との比較も、まだ残っていますので、全部については語れませんでした。

私としては、「『時代による変遷《へんせん》は、ある程度ありうる』ということを受け入れるべきだ。その時代の人たちが『合理的だ』と思って決めたものに、ある程度、合わせていったほうがよい。ただ、天上界《てんじょうかい》から大きな強い意見や確固とした意見として、『このようにすべきだ』というものが出た場合には、ある程度、それを斟酌《しんしゃく》したほうがよい。今は文明実験が進行中である」という感想を持っています。

したがって、私が、「一律にこの戒律《かいりつ》を守れ」というようなかたちで出しているものは、現実にはありません。

「殺すなかれ」には永遠の真理と言えない部分もある

例えば、仏教の五戒《ごかい》の一番目には、「殺すなかれ」がありますが、刑務所《けいむしょ》に勤めている公務員であれば、給料をもらっている以上、法に基《もと》づいて「死刑執行《しっこう》」

と言われたら、電気椅子《いす》に電気を流さなければいけないわけです。あるいは、絞《こう》首刑《しゅけい》なら受刑者を吊《つ》るさなければいけません。これは、役人を辞《や》めないかぎり、やらざるをえないわけです。

また、「軍隊に入ったら、正当な軍隊の命令のもとに戦わなければいけない」ということで、マシンガンを撃《う》つなり、爆薬《ばくやく》を落とすなりした場合には、人が死ぬこともあります。この場合、「合法的かどうか」という判断は、全体的な観点から見られなければいけませんが、個人個人について罪を問うことには、少し無理があるのではないでしょうか。

先の戦争のとき、僧侶《そうりょ》の従軍である「従軍僧《じゅうぐんそう》」というものがあったのですが、それだけで済んでいたわけではないでしょう。「僧侶として亡《な》くなった戦友を弔《とむら》う」という仕事もしていたのでしょうが、そうは言っても、銃《じゅう》を持って仕事をしていたであろうと推定されますので、そのあたりの複雑な部分を持っていると思います。

一番目の「殺すなかれ」は、いちばん普遍《ふへん》的な教えに見えます。これは、「神仏の教えや法律に反して、人を殺してはならない」ということでしょう。

しかし、刑法から見れば、「正当防衛」というものがあり、急迫《きゅうはく》不正《ふせい》の侵害《しんがい》に対して、相手に反撃《はんげき》を加えてやや過剰《かじょう》防衛になる場合や、相手を死に至らしめる場合もあるわけです。

このように、いろいろと細かく研究されていますので、「『絶対、殺してはいけない』ということ自体が永遠の真理だ」と言うわけにはいかない部分があると思います。あるいは、「悪い独裁国家が他国を侵略する」ということであれば、抵《てい》抗《こう》権があるのは当然です。

イスラム教徒の進出に対して「武装する仏教僧侶《そうりょ》」

今、タイでは、武装している仏教の僧侶《そうりょ》が出てきていますし、ミャンマーにもいます。

現在、イスラム教徒の進出がだいぶ増えてきているので、「イスラムのほうは戦ってよいことになっているのに、仏教は戦えない」ということであれば、占領《せんりょう》されてしまいます。

かつてのインドで仏教が滅《ほろ》びた原因は、イスラム教の侵入により、寺院がすべて破壊《はかい》され、僧侶が皆殺《みなごろ》しにされたことにあります。それで仏教はインドから消えていますので、彼らは十分に知っているわけです。

タイでは、九十数パーセントが仏教徒ですが、五パーセントぐらいはイスラム教徒になっています。イスラム教は武装して戦ってよいことになっているので、これで占領されたらたまりません。

そのように、少し前には、「仏教僧が武装し始めた」ということで、米誌「タイム」の表紙になって話題になっています。

やはり、彼らにも「戦わなければ、占領されるかもしれない」という危機が迫《せま》っていると思います。

「TIME」2013年7月1日号

「悪を押《お》しとどめ、善を推《お》し進める」という仏教の基本

日本に関しても、私は同じことを言っています。

基本的には、平和を守る考え方はよいと思います。最近のニュースでも、「核廃絶《かくはいぜつ》の声明に百二十数カ国が参加し、そのなかに日本が初めて入った」というものがありました。

しかし、日本に核攻撃《こうげき》をしかける可能性がある北朝鮮《きたちょうせん》や中国は、それに参加しているわけではありません。ですから、非常に危険な面があります。

また、それには、アメリカも参加していないので、そうであれば、日本は、「アメリカさんが勝手に守ってください。戦って

2013年10月21日、日本を含む125カ国が核兵器の不使用を訴える共同声明を発表（写真：国連総会第一委員会）。

ください」と言うしかありません。「日本は核兵器をつくりません」ということであれば、「自主防衛をしない」と言っているのと似たようなものです。

今、政府は集団的自衛権の議論をしていながら、基本的には諦《あきら》めていっており、「左翼《さよく》系のほうに迎合《げいごう》して政権の維持《いじ》を図《はか》ろうとしている、あるいは、風評を測ろうとしている」と見えると言わざるをえません。今、そういう面を感じています。

「憲法九条を守れ」と言う人のなかには、宗教的な人や仏教を信じている人も、そういうことはいるのですが、「不正な攻撃による侵略や殺戮《さつりく》を許してはならない」という教えもあることを忘れてはいけないと思います。

要するに、「悪を押《お》しとどめ、善を推《お》し進める」というのが、仏教の基本ですので、悪なるものに対しては、防衛しなければいけません。それがいけないことであるならば、警察も駄目《だめ》ですし、国連軍でさえあってはならないことになります。このあたりの考え方については、やはり、「世界レベルでの正義の判定」が必要だと、私は思っています。

「戒律」というのは、「修行《しゅぎょう》のための方針・指針」としてあってもよいと思いますが、国レベルや世界レベルで〝縛《しば》る〟ことは、現時点では、どのような戒律でもかなり厳しいのではないでしょうか。

比較衡量《ひかくこうりょう》が必要な「盗《ぬす》むなかれ」という戒律《かいりつ》

例えば、「盗《ぬす》むなかれ」という戒律《かいりつ》があります。これも大事なことであり、人間としての基本です。「正当な理由なく、お金も払《はら》わずに盗む」というのは、悪いことです。

ただ、今は、「年間の万引き件数が何十万件もある」と言われ、子供がかなりの割合を占《し》めています。あるいは、出産前で情緒《じょうちょ》不安定の女性も多いそうです。

そういう未成年のときには収入がありませんから、「小遣《こづか》いが足りないので、万引きをする」ということがあるかもしれないですし、運が悪ければ捕《つか》まることもあるかもしれません。

しかし、これでもって、「その人の一生は駄目だ」ということになって、「毎年、何十万人もの人が犯罪人として社会的に葬《ほうむ》られる」ということであれば、やはり、比較衡量《ひかくこうりょう》をする必要があると思うのです。

石打ちの刑《けい》をするような「姦淫罪《かんいんざい》」には改善の余地がある

それから、「姦淫《かんいん》は罪である」という考えもあります。

これに関しては、以前、アラブのほうの王女の話がありました。アラブの王女が留学先で恋《こい》に落ち、恋人ができたのです。もちろん、性的な関係を結んだのでしょうが、母国に帰ってきてから、砂のなかに首まで埋《う》められ、みんなの前で殺されました。

「これは、いくら何でもひどすぎる」と思うのが、正直なところでしょう。海外に行って自由恋愛や自由社会を経験した人であれば、そうなることは分かります。それにもかかわらず、イエスの時代にあったような石打ちの刑《けい》等で殺したりするのは、いくら何でもひどすぎます。

これについては、比較衡量的に見ても、利益衡量的に見ても問題があるので、改善の余地があるのではないかと思います。

また、イギリスのダイアナ妃《ひ》についても、同じようなことが言われています。「王室にあるまじき不倫《ふりん》の恋をしたので暗殺された」という説がいまだに絶えないのです。私は、それを調べようと思えば調べられるのですが、そういう〝趣《しゅ》味《み》〟がないので、そこまではやりません。

このように、昔にできた不文律のなかで、過剰なるものや、問題がありすぎるものについては、踏《ふ》み込《こ》みすぎるべきではないと感じています。

現在の新宗教は「経済原理」と無縁《むえん》でいられない

また、戒律のなかには、「金銀財宝やお金に触《ふ》れてはならない」「僧侶はお金にかかわってはならない」ということがあるのですが、現在の新宗教については「金儲《かねもう》け宗教だ」と、マスコミからずいぶん批判を受けることが多いですし、一《いっ》般《ぱん》人から批判を受けることも多いです。

しかし、一定の建物を建てて運営していくためには資金が必要であるのは当然ですので、「僧職にあるから、経済原理とまったく無縁《むえん》でいられるか」といえば、それは、やはり無理なところがあります。

異文化の共通点や違《ちが》いの見極《みきわ》めは比較《ひかく》宗教学の大事なポイント

そういう意味で、「厳密な意味での戒律」というのは、現代では有効でない部分が多いのではないかと思います。

必要なものはつくっていくこともあるでしょうし、「こういう目的で、このくらいの期間内で、こういうものを守る」といったものはよいと思いますが、「すべて一律に行きわたらす」という戒律は、なかなか難しいものがあるでしょう。日本の法律であっても、外国では通じないものがありますし、風習の違《ちが》いもあります。

例えば、昔、私はアメリカで会社に勤めていたことがありますが、同じ会社であっても、アメリカ法人では、社内恋愛にかなり厳しく、社内で異性に手を出した場合は、即《そく》、ファイヤー（解雇《かいこ》）されていました。要するにクビです。

日本の場合は逆であり、自分の三メートル以内、あるいは一メートル以内で結婚するのです。自分の近所にいる人と結婚する確率が六十パーセントから八十パーセントと言われていましたので、アメリカではクビになるようなことが、日本ではどんどん奨励《しょうれい》されているわけです。職場の人から、「よかったですね」と言って拍手《はくしゅ》されるようなことがたくさん起きているわけです。

これは、「風習の違い」としか言いようがありませんので、善悪の問題としては、解決がつかないでしょう。このあたりについては、「異文化コミュニケーションの問題」として理解し、解決を図っていくしかないと思います。「同じ会社でも、国が違えばやり方も違ってくることがある」ということを知っておいたほうがよいでしょう。

そういう異文化の違いを知りつつ、「何が共通なのか。何が違ったままで構わないのか」ということを見極《みきわ》めていくことも、今後、比較《ひかく》宗教学的には大事なのではないでしょうか。

幸福の科学も、世界に広がっていくにつれて、国柄《くにがら》によっては違った動きをせざるをえないこともあるでしょう。これについては、その都度《つど》、個別に考えていきたいと思っています。

今回、全部は話せませんでしたが、「比較宗教学から観た『幸福の科学』学・入門」の一例として、「性のタブーと結婚・出家制度」について述べました。何らかの参考になれば幸いです。

あとがき

性のタブーと結婚・出家制度を中心としながら、主として歴史的仏教を幸福の科学的に分析したテキストといえる。

私の考えとしては、歴史的には「揺《ゆ》れている」現代であればこそ、小々戒《しょうしょうかい》はさておいて、本質的なものをグイッとつかみ出さねばならないと思う。

タブー、戒律の問題を脇に置いておくとすると、仏教の「悟りと慈悲」、キリスト教の「愛と救済」、イスラム教の「慈悲と平等」などは、唯一の神から出ている大きな柱の一本一本に観《み》える。そしてどの世界宗教にも、「信仰」の問題が横たわっている。

仏教は唯物論・無神論・虚無《きょむ》主義に流れると危険で、この世のはかなさを説くことが、同時に、実在界の重要さを強調することにならねばならない。「涅槃《ねはん》」に入《い》ることが、地獄の「無意識界《むいしきかい》」や「無間地獄《むけんじごく》」に赴《おもむ》くことと同義とされては許されないと思う。

二〇一四年　一月十五日

幸福《こうふく》の科学《かがく》グループ創始者兼総裁《そうししゃけんそうさい》
幸福《こうふく》の科学大学創立者《かがくだいがくそうりつしゃ》　大川隆法《おおかわりゅうほう》

『比較宗教学から観た「幸福の科学」学・入門』大川隆法著作関連書籍

『黄金の法』（幸福の科学出版刊）
『釈迦の本心』（同右）
『悟りの挑戦（上巻）』（同右）
『悟りの挑戦（下巻）』（同右）
『宗教学から観た「幸福の科学」学・入門』（同右）
『仏教学から観た「幸福の科学」分析』（同右）

比較宗教学《ひかくしゅうきょうがく》から観《み》た「幸福《こうふく》の科学《かがく》」学《がく》・入門《にゅうもん》
――性のタブーと結婚・出家制度――

2014年2月4日　初版第1刷

著　者　　大《おお》　川《かわ》　隆《りゅう》　法《ほう》

発行所　　幸福の科学出版株式会社
〒107-0052 東京都港区赤坂2丁目10番14号
TEL(03)5573-7700
http://www.irhpress.co.jp/

印刷・製本　株式会社 東京研文社

落丁・乱丁本はおとりかえいたします

ISBN978-4-86395-430-4 C0030
提供：Morio／Gunkarta／UN Photo/Eskinder Debebe

大川隆法 ベストセラーズ・この一冊で、もっと強くなれる

忍耐の法

法シリーズ
第20作

「常識」を逆転させるために

人生のあらゆる苦難を乗り越え、
夢や志を実現させる方法が、
この一冊に――。
混迷の現代を生きるすべての人に贈る
待望の「法シリーズ」第20作！

大川隆法
Ryuho Okawa
THE LAWS OF PERSEVERANCE
忍耐の法
「常識」を逆転させるために
Never give up!
ネバー・ギブ・アップ！
「忍耐」とは、あなたを
「成功」へと導く最大の武器だ。
この一冊で、もっと強くなれる。
「法シリーズ」最新刊！

2,000円

第１章　スランプの乗り切り方 ―― 運勢を好転させたいあなたへ
第２章　試練に打ち克つ ―― 後悔しない人生を生き切るために
第３章　徳の発生について ―― 私心を去って「天命」に生きる
第４章　敗れざる者 ―― この世での勝ち負けを超える生き方
第５章　常識の逆転 ―― 新しい時代を拓く「真理」の力

※表示価格は本体価格（税別）です。

大川隆法 ベストセラーズ・現代の男女の生き方を考える

父と娘のハッピー対談②

新時代の「やまとなでしこ」たちへ

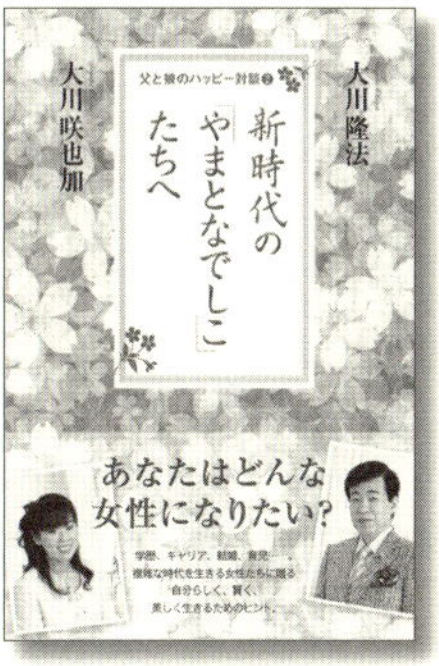

新時代の理想の女性像に思いを巡らせた父と娘の対談集・第二弾。女性らしさの大切さや、女性本来の美徳について語られる。

1,200円

イエス・キリストに聞く「同性婚問題」

性と愛を巡って

時代の揺らぎか？ 新しい愛のカタチか？ 同性婚や同性愛は、果たして宗教的に認められるのか――。天上界から語られる、イエスの衝撃のメッセージ。

1,400円

女性リーダー入門

卑弥呼・光明皇后が贈る、現代女性たちへのアドバイス

自己実現の先にある理想の生き方について、日本の歴史のなかでも名高い女性リーダーからのアドバイス。

1,200円

幸福の科学出版

大川隆法ベストセラーズ・仏陀の本心を知る

悟りの挑戦（上巻）

いま、新たな法輪がめぐる

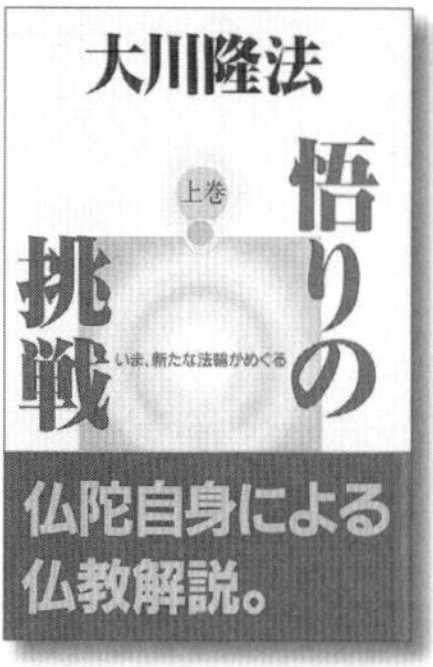

本書は仏陀自身による仏教解説であり、仏陀・釈尊の悟りの真相を明らかにする。その過程で、仏教学の誤りや、仏教系諸教団の間違いをも闡明にしている。

1,748円

悟りの挑戦（下巻）

仏智が拓く愛と悟りの世界

中道、涅槃、空、無我、仏性など、仏教の中核理論を分かりやすく解説した本書は、化石化した仏教を現代に蘇らせ、再び生命を与える。釈迦の真意がここにある。

1,748円

沈黙の仏陀

ザ・シークレット・ドクトリン

本書は、戒律や禅定などを平易に説き、仏教における修行のあり方を明らかにする。現代人に悟りへの道を示す、神秘の書。

1,748円

※表示価格は本体価格（税別）です。

大川隆法 ベストセラーズ・「幸福の科学大学」が目指すもの

新しき大学の理念

「幸福の科学大学」がめざす
ニュー・フロンティア

2015年、開学予定の「幸福の科学大学」。日本の大学教育に新風を吹き込む「新時代の教育理念」とは？ 創立者・大川隆法が、そのビジョンを語る。

1,400円

「経営成功学」とは何か

百戦百勝の新しい経営学

経営者を育てない日本の経営学!? アメリカをダメにしたMBA――!? 幸福の科学大学の「経営成功学」に託された経営哲学のニュー・フロンティアとは。

1,500円

「人間幸福学」とは何か

人類の幸福を探究する新学問

「人間の幸福」という観点から、あらゆる学問を再検証し、再構築する――。数千年の未来に向けて開かれていく学問の源流がここにある。

1,500円

「未来産業学」とは何か

未来文明の源流を創造する

新しい産業への挑戦――「ありえない」を、「ありうる」に変える！ 未来文明の源流となる分野を研究し、人類の進化とユートピア建設を目指す。

1,500円

幸福の科学出版

大川隆法 ベストセラーズ・「幸福の科学大学」が目指すもの

「未来創造学」入門

未来国家を構築する新しい法学・政治学

政治とは、創造性・可能性の芸術である。どのような政治が行われたら、国民が幸福になるのか。政治・法律・税制のあり方を問い直す。

1,500円

プロフェッショナルとしての国際ビジネスマンの条件

実用英語だけでは、国際社会で通用しない！ 語学力と教養を兼ね備えた真の国際人をめざし、日本人が世界で活躍するための心構えを語る。

1,500円

宗教学から観た「幸福の科学」学・入門

立宗 27 年目の未来型宗教を分析する

幸福の科学とは、どんな宗教なのか。教義や活動の特徴とは？ 他の宗教との違いとは？ 総裁自らが、宗教学の見地から「幸福の科学」を分析する。

1,500円

仏教学から観た「幸福の科学」分析

東大名誉教授・中村元と仏教学者・渡辺照宏のパースペクティブ（視覚）から

仏教は「無霊魂説」ではない！ 仏教学の権威 中村元氏の死後 14 年目の衝撃の真実と、渡辺照宏氏の天上界からのメッセージを収録。

1,500円

※表示価格は本体価格（税別）です。

大川隆法 霊言シリーズ・最新刊

守護霊インタビュー タイ・インラック首相から日本へのメッセージ

英語霊言
日本語訳付き

民主化を妨げる伝統仏教の弊害。イスラム勢力による紛争。中国の脅威──。政治的混乱に苦しむインラック首相守護霊からのメッセージとは。

1,400円

ハイエク「新・隷属への道」

「自由の哲学」を考える

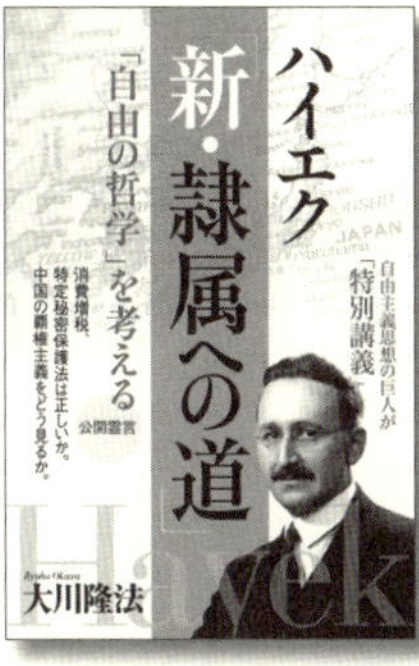

消費増税、特定秘密保護法、中国の覇権主義についてハイエクに問う。20世紀を代表する自由主義思想の巨人が天上界から「特別講義」!

1,400円

逆転の経営術

守護霊インタビュー ジャック・ウェルチ、カルロス・ゴーン、ビル・ゲイツ

豪華装丁
函入り

会社再建の秘訣から、逆境の乗りこえ方、そして無限の富を創りだす方法まで──。世界のトップ経営者3人なら、企業をどう立て直し、発展させるのか。

10,000円

2015年開学予定!
幸福の科学大学

（仮称）設置認可申請予定

幸福の科学大学は、日本の未来と世界の繁栄《はんえい》を拓《ひら》く
「世界に通用する人材」「徳あるリーダー」を育てます。

校舎棟イメージ図

幸福の科学大学が担う使命

「ユートピアの礎《いしずえ》」

各界を変革しリードする、徳《とく》ある英才・真のエリートを連綿《れんめん》と輩出《はいしゅつ》し続けます。

「未来国家創造の基礎《きそ》」

信仰心《しんこうしん》・宗教的価値観を肯定《こうてい》しつつ、科学技術の発展や
社会の繁栄《はんえい》を志向《しこう》する、新しい国づくりを目指します。

「新文明の源流」

「霊界《れいかい》」と「宇宙」の解明を目指し、新しい地球文明・文化のあり方を
創造・発信し続けます。

幸福の科学大学の魅力

1 夢にチャレンジする大学

今世《こんぜ》の「使命」と「志《こころざし》」の発見をサポートし、学生自身の個性や強みに基づいた人生計画の設計と実現への道筋を明確に描きます。

2 真の教養を身につける大学

仏法真理を徹底的に学びつつ心の修行を重ね、魂の器《うつわ》を広げます。仏法真理を土台に、正しい価値判断ができる真の教養人を目指します。

3 実戦力を鍛える大学

実戦《じっせん》レベルまで専門知識を高め、第一線で活躍するリーダーと交流を持つことによって、現場感覚や実戦力を鍛《きた》え、成果を伴《ともな》う学問を究《きわ》めます。

4 世界をひとつにする大学

自分の意見や考えを英語で伝える発信力を身につけ、宗教や文化の違いを越えて、人々を魂レベルで感化《かんか》できるグローバル・リーダーを育てます。

5 未来を創造する大学

未来社会や未来産業の姿を描き、そこから実現に必要な新発見・新発明を導き出します。過去の思想や学問を総決算し、新文明の創造を目指します。

校舎棟の正面

学生寮

大学完成イメージ

Noblesse《ノーブレス》 Oblige《オブリージ》

「高貴なる義務」を果たす、
「真のエリート」を目指せ。

幸福の科学学園

中学校・高等学校（那須本校）

私は、
教育が人間を創ると
信じている一人である。
若い人たちに、
夢とロマンと、精進、
勇気の大切さを伝えたい。
この国を、全世界を、
ユートピアに変えていく力を
出してもらいたいのだ。

（幸福の科学学園 創立記念碑より）

幸福の科学学園 創立者
大川隆法

幸福の科学学園（那須本校）は、幸福の科学の教育理念のもとにつくられた、男女共学、全寮制の中学校・高等学校です。自由闊達な校風のもと、「高度な知性」と「徳育」を融合させ、社会に貢献するリーダーの養成を目指しており、2013年4月には開校三周年を迎えました。

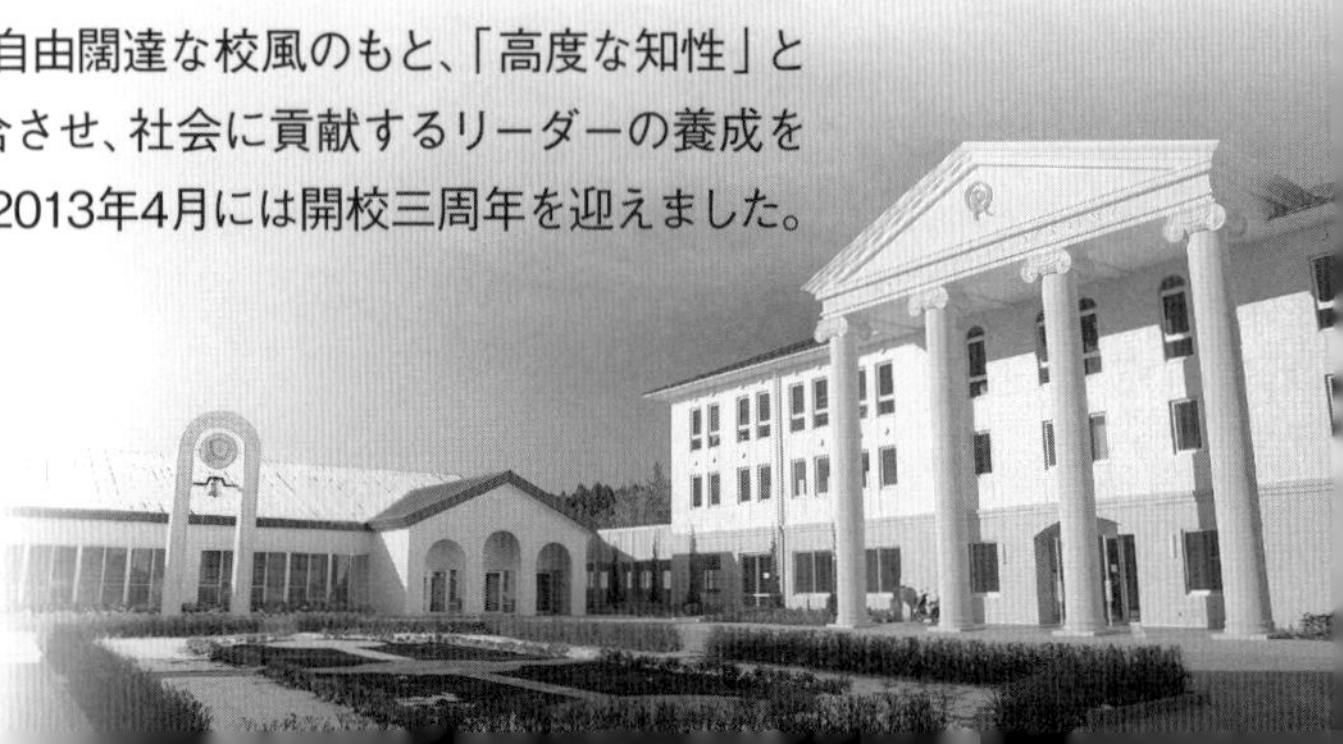

Noblesse《ノーブレス》 Oblige《オブリージ》

「高貴なる義務」を果たす、
「真のエリート」を目指せ。

2013年 春 開校

幸福の科学学園
関西中学校・高等学校

私は日本に
真のエリート校を創り、
世界の模範としたい
という気概に満ちている。
『幸福の科学学園』は、
私の『希望』であり、
『宝』でもある。
世界を変えていく、
多才かつ多彩な人材が、
今後、数限りなく
輩出されていくことだろう。
（幸福の科学学園関西校 創立記念碑より）

幸福の科学学園 創立者
大川隆法

滋賀県大津市、美しい琵琶湖の西岸に建つ幸福の科学学園（関西校）は、男女共学、通学も入寮も可能な中学校・高等学校です。発展・繁栄を校風とし、宗教教育や企業家教育を通して、学力と企業家精神、徳力を備えた、未来の世界に責任を持つ「世界のリーダー」を輩出することを目指しています。

幸福の科学学園・教育の特色

「徳ある英才」の創造

教科「宗教」で真理を学び、行事や部活動、寮を含めた学校生活全体で実修して、ノーブレス・オブリージ(高貴なる義務)を果たす「徳ある英才」を育てていきます。

体育祭

天分を伸ばす「創造性教育」

教科「探究創造」で、偉人学習に力を入れると共に、日本文化や国際コミュニケーションなどの教養教育を施すことで、各自が自分の使命・理想像を発見できるよう導きます。さらに高大連携教育で、知識のみならず、知識の応用能力も磨き、企業家精神も養成します。芸術面にも力を入れます。

探究創造科発表会

一人ひとりの進度に合わせた「きめ細やかな進学指導」

熱意溢れる上質の授業をベースに、一人ひとりの強みと弱みを分析して対策を立てます。強みを伸ばす「特別講習」や、弱点を分かるところまでさかのぼって克服する「補講」や「個別指導」で、第一志望に合格する進学指導を実現します。

授業の様子

自立心と友情を育てる「寮制」

寮は、真なる自立を促し、信じ合える仲間をつくる場です。親元を離れ、団体生活を送ることで、縦・横の関係を学び、力強い自立心と友情、社会性を養います。

毎朝夕のお祈りの時間

幸福の科学学園の進学指導

1 英数先行型授業

受験に大切な英語と数学を特に重視。「わかる」（解法理解）まで教え、「できる」（解法応用）、「点がとれる」（スピード訓練）まで繰り返し演習しながら、高校三年間の内容を高校二年までにマスター。高校二年からの文理別科目も余裕で仕上げられる効率的学習設計です。

2 習熟度別授業

英語・数学は、中学一年から習熟度別クラス編成による授業を実施。生徒のレベルに応じてきめ細やかに指導します。各教科ごとに作成された学習計画と、合格までのロードマップに基づいて、大学受験に向けた学力強化を図ります。

3 基礎力強化の補講と個別指導

基礎レベルの強化が必要な生徒には、放課後や夕食後の時間に、英数中心の補講を実施。特に数学においては、授業の中で行われる確認テストで合格に満たない場合は、できるまで徹底した補講を行います。さらに、カフェテリアなどでの質疑対応の形で個別指導も行います。

4 特別講習

夏期・冬期の休業中には、中学一年から高校二年まで、特別講習を実施。中学生は国・数・英の三教科を中心に、高校一年からは五教科でそれぞれ実力別に分けた講座を開講し、実力養成を図ります。高校二年からは、春期講習会も実施し、大学受験に向けて、より強化します。

5 幸福の科学大学（仮称・設置認可申請予定）への進学

二〇一五年四月開学予定の幸福の科学大学への進学を目指す生徒を対象に、推薦制度を設ける予定です。留学用英語や専門基礎の先取りなど、社会で役立つ学問の基礎を指導します。

授業の様子

詳しい内容、パンフレット、募集要項のお申し込みは下記まで。

幸福の科学学園 関西中学校・高等学校

〒520-0248
滋賀県大津市仰木の里東2-16-1
TEL.077-573-7774
FAX.077-573-7775
[公式サイト]
www.kansai.happy-science.ac.jp
[お問い合わせ]
info-kansai@happy-science.ac.jp

幸福の科学学園 中学校・高等学校

〒329-3434
栃木県那須郡那須町梁瀬 487-1
TEL.0287-75-7777
FAX.0287-75-7779
[公式サイト]
www.happy-science.ac.jp
[お問い合わせ]
info-js@happy-science.ac.jp

仏法真理塾

サクセスNo.1

未来の菩薩を育て、仏国土ユートピアを目指す！

サクセスNo.1 東京本校（戸越精舎内）

仏法真理塾「サクセスNo.1」とは

宗教法人幸福の科学による信仰教育の機関です。信仰教育・徳育にウエイトを置きつつ、将来、社会人として活躍するための学力養成にも力を注いでいます。

「サクセスNo.1」のねらいには、「仏法真理と子どもの教育面での成長とを一体化させる」ということが根本にあるのです。

大川隆法総裁　御法話「『サクセスNo.1』の精神」より

仏法真理塾「サクセスNo.1」の教育について

信仰教育が育む健全な心

御法話拝聴や祈願、経典の学習会などを通して、仏の子としての「正しい心」を学びます。

学業修行で学力を伸ばす

忍耐力や集中力、克己心を磨き、努力によって道を拓く喜びを体得します。

法友との交流で友情を築く

塾生同士の交流も活発です。お互いに信仰の価値観を共有するなかで、深い友情が育まれます。

●サクセスNo.1は全国に、本校・拠点・支部校を展開しています。

東京本校 TEL.03-5750-0747 FAX.03-5750-0737	宇都宮本校 TEL.028-611-4780 FAX.028-611-4781
名古屋本校 TEL.052-930-6389 FAX.052-930-6390	高松本校 TEL.087-811-2775 FAX.087-821-9177
大阪本校 TEL.06-6271-7787 FAX.06-6271-7831	沖縄本校 TEL.098-917-0472 FAX.098-917-0473
京滋本校 TEL.075-694-1777 FAX.075-661-8864	広島拠点 TEL.090-4913-7771 FAX.082-533-7733
神戸本校 TEL.078-381-6227 FAX.078-381-6228	岡山拠点 TEL.086-207-2070 FAX.086-207-2033
西東京本校 TEL.042-643-0722 FAX.042-643-0723	北陸拠点 TEL.080-3460-3754 FAX.076-464-1341
札幌本校 TEL.011-768-7734 FAX.011-768-7738	大宮拠点 TEL.048-778-9047 FAX.048-778-9047
福岡本校 TEL.092-732-7200 FAX.092-732-7110	

全国支部校のお問い合わせは、
サクセスNo.1 東京本校（TEL. 03-5750-0747）まで。
メール info@success.irh.jp

エンゼルプランV

信仰教育をベースに、知育や創造活動も行っています。

信仰に基づいて、幼児の心を豊かに育む情操教育を行っています。また、知育や創造活動を通して、ひとりひとりの子どもの個性を大切に伸ばします。お母さんたちの心の交流の場ともなっています。

TEL 03-5750-0757　FAX 03-5750-0767
メール angel-plan-v@kofuku-no-kagaku.or.jp

ネバー・マインド

不登校の子どもたちを支援するスクール。

「ネバー・マインド」とは、幸福の科学グループの不登校児支援スクールです。「信仰教育」と「学業支援」「体力増強」を柱に、合宿をはじめとするさまざまなプログラムで、再登校へのチャレンジと、進路先の受験対策指導、生活リズムの改善、心の通う仲間づくりを応援します。

TEL 03-5750-1741　FAX 03-5750-0734
メール nevermind@happy-science.org

ユー・アー・エンゼル!(あなたは天使!)運動

障害児の不安や悩みに取り組み、ご両親を励まし、勇気づける、障害児支援のボランティア運動です。学生や経験豊富なボランティアを中心に、全国各地で、障害児向けの信仰教育を行っています。保護者向けには、交流会や、医療者・特別支援教育者による勉強会、メール相談を行っています。

TEL 03-5750-1741　FAX 03-5750-0734
メール you-are-angel@happy-science.org

シニア・プラン21

生涯反省で人生を再生・新生し、希望に満ちた生涯現役人生を生きる仏法真理道場です。週1回、開催される研修には、年齢を問わず、多くの方が参加しています。現在、全国8カ所(東京、名古屋、大阪、福岡、新潟、仙台、札幌、千葉)で開校中です。

東京校 TEL 03-6384-0778　FAX 03-6384-0779
メール senior-plan@kofuku-no-kagaku.or.jp

入会のご案内

あなたも、幸福の科学に集い、
ほんとうの幸福を
見つけてみませんか？

幸福の科学では、大川隆法総裁が説く仏法真理をもとに、
「どうすれば幸福になれるのか、また、
他の人を幸福にできるのか」を学び、実践しています。

入会

大川隆法総裁の教えを信じ、学ぼうとする方なら、どなたでも入会できます。入会された方には、『入会版「正心法語」』が授与されます。（入会の奉納は1,000円目安です）

ネットでも**入会**できます。詳しくは、下記URLへ。
happy-science.jp/joinus

三帰《さんき》誓願《せいがん》

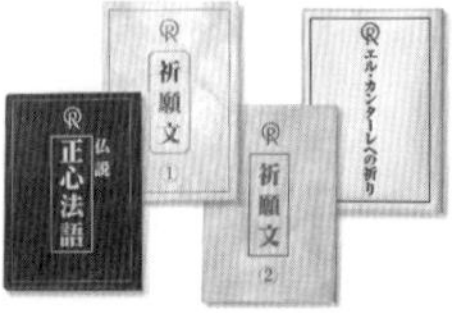

仏弟子としてさらに信仰を深めたい方は、仏・法・僧の三宝への帰依を誓う「三帰誓願式」を受けることができます。三帰誓願者には、『仏説・正心法語』『祈願文①』『祈願文②』『エル・カンターレへの祈り』が授与されます。

植福《しょくふく》の会

植福は、ユートピア建設のために、自分の富を差し出す尊い布施の行為です。布施の機会として、毎月1口1,000円からお申込みいただける、「植福の会」がございます。

「植福の会」に参加された方のうちご希望の方には、幸福の科学の小冊子（毎月1回）をお送りいたします。詳しくは、下記の電話番号までお問い合わせください。

月刊
「幸福の科学」

ザ・伝道

ヤング・ブッダ

ヘルメス・
エンゼルズ

INFORMATION	**幸福の科学サービスセンター** **TEL. 03-5793-1727**（受付時間 火～金:10～20時／土・日:10～18時） 宗教法人 幸福の科学 公式サイト **happy-science.jp**